LEBEN AM WATTENMEER

Portraits und Geschichten von der wilden Nordsee

Das Wattlaufen mit Musik hat seit über 100 Jahren
Tradition in Büsum.

»Gott schuf das Meer,
der Friese die Küste.«

Friesisches Sprichwort

Ralf Niemzig • Elke Weiler

LEBEN AM WATTENMEER

Portraits und Geschichten von der wilden Nordsee

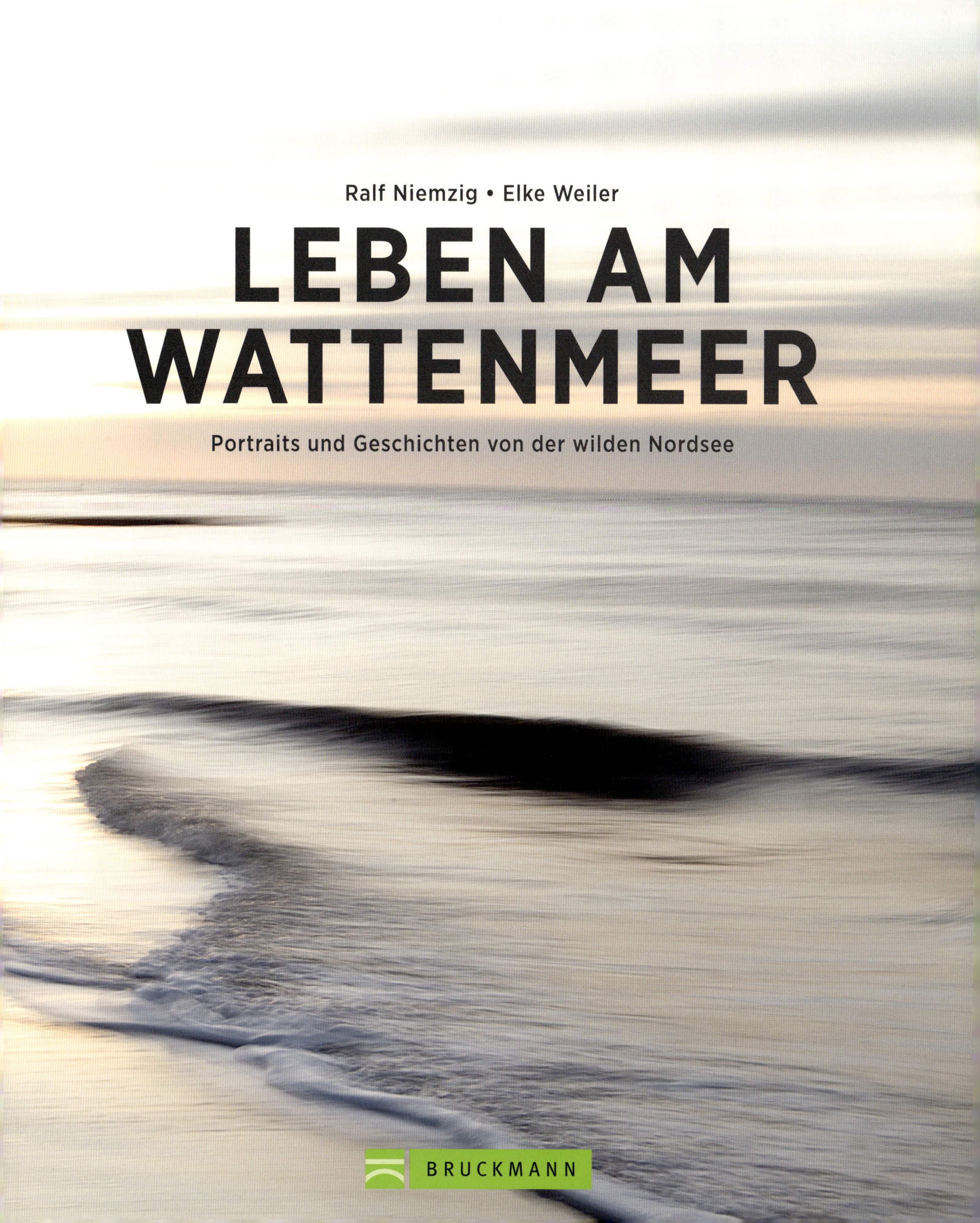

BRUCKMANN

NATUR UND KULTUR
AM WATTENMEER 20

JANUAR BIS MÄRZ

Neujahrsschwimmen – Ab in die Nordsee! 30

Dem Sturm zum Trotz –
Unterwegs mit dem Reetdachdecker 32

Der Seehundjäger – Bei den Robben und
Seehunden auf Helgoland 38

Tanz der Flammen – Biikebrennen 44

Vom Kugelstoßen am Deich – Boßeln 48

Leben hinterm Deich – Wasserkoog 50

APRIL BIS JUNI

Tür an Tür mit dem Meer – Vom Leben am
Leuchtturm Westerheversand 56

Mit dem Postboten durchs Watt –
Von Pellworm nach Hallig Süderoog 62

Törtchen im Meer –
Mit der Lore nach Hallig Oland 66

Tanz der Wasserbauer –
Unterwegs mit dem Küstenschutz 76

Stelzen am Strand –
Die Pfahlbauten von Sankt Peter-Ording 82

Fischen im Trüben – Des Krabbenfischers
Traum 86

Ein Herz für Tiere –
Schäferleben auf dem Deich 94

Stippvisite auf der Hallig –
Mit der Kutsche nach Südfall 100

Ein Hauch von Hippie-Flair –
Strandhütten auf Amrum 106

JULI BIS SEPTEMBER

Zwischen Mythos und Realität –
Das untergegangene Rungholt 110

Sprung über den Graben –
Klootstockspringen 114

Wenn der Gärtner ein Maler ist –
Emil Nolde in Seebüll 116

Gröde ganz in Lila – Halligfliederblüte 122

Einmal Königin oder König sein – Ringreiten 126

Der mit dem Wattschlitten fährt –
Unterwegs mit dem letzten Reusenfischer 128

Der gute Marschboden –
Aus dem Leben eines Landwirts 132

Millionen grüner, weißer, roter Köpfe –
Dithmarscher Kohltage 136

Ballett der Stare am Himmel – Sort Sol 138

OKTOBER BIS DEZEMBER

Poesie des Schwemmlands – Die Marsch 142

Wenn die Schneiderin tanzt –
Das Revival der Trachten 146

Dezemberfreuden –
Friesenbaum und Rummelpottlaufen 154

Register 160

Danksagung 162

Impressum 164

Oben links: Winter auf Amrum
Mitte links: Rapsblüte im Frühling
Mitte rechts: Sonnenuntergang in Westerhever
Oben rechts: Winterstimmung am Desmerciereskoog

Winterfreuden – dazu gehört, die gute Luft der Nordsee während langer Spaziergänge an der Wasserkante zu genießen.

Sylt mal anders: Erdgeschichte erleben bei einer Wanderung am Morsum-Kliff

Ein Hauch von Schnee über den Dünen vor dem Amrumer Leuchtturm

WESTFALIA
FLORIDA
IZ
OI 211

Beim Drachen-Festival im August flattern bunte Gebilde am Himmel von Sankt Peter-Ording.

Im Garten des Roten Haubargs auf der Halbinsel Eiderstedt läuten Narzissen den Frühling ein.

Natur und Kultur am Wattenmeer

Es ist das ewige Wechselspiel zwischen Landgewinnung und Überflutung, dem Entstehen und Verschwinden von Landschaften. Mensch und Natur, die sich gegenüberstehen, mal in Harmonie, mal in Opposition. Als wäre das Watt Sinnbild für das Leben selbst, das sich ständig erneuert. Als erfinde sich das Watt jeden Tag neu. Die unendliche Geschichte des »Mare Frisicum«, seiner Besiedlung und des Blanken Hans'.

Etwa um das Jahr 700 herum gab es noch weite Moorflächen, wo sich heute die Marschlandschaft im Wattenmeer von Schleswig-Holstein ausbreitet. Im Westen bildeten Sandwälle eine Linie von Dänemark bis hinunter zur Eider. Das Land dahinter war von zahlreichen Prielen durchzogen, Meeresströmungen, die mit den Gezeiten an- und abschwollen.

Von der südlichen Nordseeküste kommend, nahmen Friesen das Land in Besitz, ein germanischer Stamm, dessen Siedlungsgebiet vom Niederrhein bis zur Weser reichte, bevor er sich an der Küste ausbreitete. Dort wurden sie bereits im Jahr 12 v. Chr. von den Römern verortet. So hieß die Nordsee zeitweise auch »Mare Frisicum«.

Vor allem die Geestinseln Amrum, Föhr und Sylt, aber vermutlich auch Helgoland und Teile von Eiderstedt wurden mit der ersten Welle von friesischen Einwanderern besiedelt. So fand man Keramikscherben aus dem 8. und 9. Jahrhundert sowie Reste von Sodenwandhäusern mit Brunnen. Die Siedler lebten von Viehzucht und Fischfang und betrieben vermutlich Ackerbau.

Ab dem 11. Jahrhundert ließen sich Friesen auch in den Marschgebieten auf dem Festland nieder. »Die

Links: Eisschollen treiben im Hafen von Wittdün.
Rechts: Die Amrumer Dünen tragen ein hauchzartes weißes Kleid.

Dunkel, fast schwarz wirkt das Meer
an wolkenverhangenen Tagen.

Vom Frühjahr bis zum Herbst reparieren die Küstenschützer die Lahnungen im Deichvorland.

südwestliche Nordsee diente als Drehscheibe für den Transithandel mit Britannien, dem Rheinland, Skandinavien und Russland. Begehrt waren z. B. friesisches Salz und friesische Tuche«, so Professor Dr. Thomas Steensen vom Nordfriisk Instituut. Vom 12. bis zum 18. Jahrhundert baute man nämlich Torf in den Marschen und im Watt ab, um daraus Salz zu gewinnen.

Die Umwandlung der Landschaft

Doch im 11. Jahrhundert stieg der Meeresspiegel an, und es kam zu Überschwemmungen. Die Bevölkerung sah sich zum Bau von Schutzwällen und Warften gezwungen. Künstliche Hügel inklusive Speicherbecken wurden errichtet, Behälter aus Soden, die Regenwasser als Trinkwasser speichern konnten. Für das Vieh wurden Fethinge – Kuhlen mit Süßwasser – angelegt. Die hohe Fruchtbarkeit des Marschlands machte es wertvoll, und das Bestreben wuchs, Watt in Ackerflächen umzuwandeln. Nicht von ungefähr kommt der selbstbewusste Spruch: »Gott schuf das Meer, der Friese die Küste.« Mithilfe von Grabensystemen entwässerte man die Marsch, baute Deichkilometer um Deichkilometer zum Schutz des Schatzes. Doch das Meer kam und ging.

So liest sich die Geschichte des Landes auch als Geschichte der großen Sturmfluten, die immer wieder das Land veränderten. Die Zahlen der sogenannten Groten Mandränken, 1362 und 1634, tauchen immer wieder auf.

»Aus Watt wurde Marsch, aus Marsch wieder Watt, aus Watt entstanden Vorland und ein neuer Koog, aus einem Koog konnte eine Hallig werden; Halligen verschwanden wieder, andere wuchsen neu auf dem Watt, Warften wurden aufgeworfen und wieder überspült, ganze Siedlungen und Dörfer gingen verloren und wurden manchmal andernorts wieder begründet. Kirchen versanken und wurden an anderer Stelle aufgebaut«, resümiert Steensen. Nirgendwo im Wattenmeer ist diese Entwicklung so gut sichtbar wie in Nordfriesland. Nur hier gibt es zehn Halligen mit einer wechselvollen Geschichte. Und nicht zu vergessen die ehemalige Landschaft Strand, von der heute nur mehr die Marschinsel Pellworm und die Halbinsel Nordstrand übrig geblieben sind.

Der Geist des Ortes

Was macht das Leben an der Westküste Schleswig-Holsteins heute aus? Neues Land wird nicht mehr gewonnen, es geht nunmehr um den Schutz des Bestehenden. Naturschutz, Tourismus und Windenergie treten in den Vordergrund. Dennoch ist die Bedrohung, die vom Meer kommt, stärker menschengemacht als je zuvor, denn der Klimawandel begünstigt den Anstieg des Meeresspiegels. Deiche müssen erhöht werden, sogenannte Klimadeiche entstehen. Werden die Halligen auch in 50 Jahren noch bewohnt sein? Auch hier investiert Schleswig-Holstein in die Zukunft.

Wie sieht die Gegenwart aus? Wie viel Vergangenheit, wie viel Zukunft stecken in ihr? Mit den Portraits von Kutterfischer, Leuchtturmwärter, Schäfer, Seehundjäger und Trachtenbeauftragter, mit Geschichten über Küstenschützer und Wattwanderungen, Erzählungen aus dem Dorfleben und der Teilnahme an traditionellen Feiern nähern wir uns dem Geist des Ortes.

Links: Professor Dr. Thomas Steensen vom Nordfriisk Instituut
Rechts: An der Küste wird auf Windenergie gesetzt.

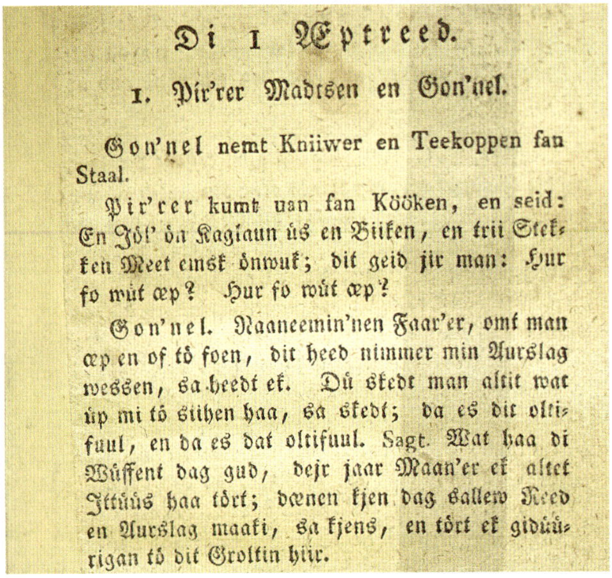

Di 1 Eptreed.

1. Pir'rer Madtsen en Gon'nel.

Gon'nel nemt Kniiwer en Teekoppen fan Staal.

Pir'rer kumt uan fan Kööken, en seid: En Jöl' ôa Kagiaun ûs en Biiken, en trii Stekken Meet emsk ônwuk; dit geid jir man: Hur so wût œp? Hur so wût œp?

Gon'nel. Naaneemin'nen Faar'er, omt man œp en of tô foen, dit heed nimmer min Aurslag wessen, sa heedt ek. Dû skedt man altit wat ûp mi tô siihen haa, sa skedt; da es dit oltifuul, en da es dat oltifuul. Sagt. Wat haa di Wüffent dag gud, dejr jaar Maan'er ek altet Ittûûs haa tôrt; dœnen kjen dag sallew Reed en Aurslag maaki, sa kjens, en tôrt ek gidûûrigan tô dit Groltin hiir.

Die kulturelle Vielfalt schlägt sich auch in der Sprachenvielfalt nieder, die Nordfriesland wie keine andere Region in Deutschland prägt. Neben Hochdeutsch wird Niederdeutsch, Nordfriesisch, Dänisch und Süderjütisch gesprochen, viele Familien sind mehrsprachig. Da wäre z. B. der Vater aus Risum-Lindholm, der Hochdeutsch und Friesisch spricht und seine Tochter auf die Dänische Schule schickt. Als Hochburgen des Friesischen gelten heute der Westen von Föhr sowie Risum-Lindholm auf dem Festland. Auf Helgoland, Amrum und Sylt wird jeweils ein eigenes Friesisch gesprochen. Dann ist in weiten Teilen Nordfrieslands und Dithmarschens das Plattdeutsche stark verbreitet – seit der Zeit der Hanse hatte es einen hohen Stellenwert und lebt bis heute fort.

Oben: Auszug aus einem friesischen Buch von 1809 im Museum Nordfriisk Futuur in Bredstedt
Unten: Der Westerhever Leuchtturm auf der Halbinsel Eiderstedt

Mit der Kutsche geht's von Nordstrand nach Hallig Südfall.

Weites Herz, klarer Horizont

In den Marschgebieten übten zugewanderte Niederländer vom 16. bis zum 18. Jahrhundert einen nicht unbedeutenden Einfluss aus. Nicht nur Friedrichstadt mit seinen Grachten und Giebelhäusern erzählt von dieser Zeit. Auch die Eiderstedter Haubarge und die Holländer-Windmühlen gehen auf die Niederländer zurück.

Als die Friesen ins Land kamen, war die Geest teilweise von Dänen und Jüten besiedelt. Teile des nordfriesischen Festlands und von Amrum, der Westen Föhrs und Teile von Sylt zählten jahrhundertelang zum dänischen Königreich und genossen einen relativ unabhängigen Status. Friesen galten, auch bedingt durch die Seefahrt, als weltoffen. Der viel zitierte Spruch »Rüm hart, klaar kiming« zeugt davon: »Weites Herz, klarer Horizont«.

Das Wattenmeer ist heute Weltnaturerbe vom holländischen Den Helder bis hoch zum dänischen Esbjerg. Doch es gibt Menschen wie Thomas Steensen, die gern daran erinnern, »dass große Teile des nordfriesischen Watts eine untergegangene Kulturlandschaft darstellen«. Man muss nur genau hinsehen.

Links: Renaissance auf Eiderstedt – Herrensitz Hoyerswort
Rechts: Friesische Hochzeit im Öömrang Hüs, Amrum

Seite 27:
Oben links: Springreitturnier im Watt bei Büsum
Oben rechts: Graugans am Beltringharder Koog
Mitte: Warft auf Hallig Hooge
Unten links: Schafe in Westerhever
Unten rechts: »Wattolümpiade« in Brunsbüttel

Texelschafe müssen nicht zum Überwintern in den Stall, sie sollten aber eine Rückzugsmöglichkeit haben.

JANUAR BIS MÄRZ

Oben: Das Heer der Neugierigen steht Spalier für alle, die sich ins eiskalte Wasser wagen.
Unten: Neptun überwacht das Treiben in Westerland auf Sylt.

Neujahrsschwimmen – Ab in die Nordsee!

Bringt es Glück, oder ist es einfach nur verrückt? Jedes Jahr springen Hunderte von Menschen, egal ob Einheimische oder Gäste, an Neujahr in die Nordsee. Unter Aufsicht, versteht sich.

Die meisten halten es nur wenige Sekunden im Wasser aus, das nicht mehr als ein paar Grad Celsius misst. Augenblicklich schnürt einem die Kälte den Atem ab und sticht auf der Haut.

Viele Anbader schwören jedoch auf die Wirkung als eine Art Jungbrunnen oder sind bereits abgehärtet. Wer Probleme mit dem Kreislauf hat, dem sei davon abgeraten. Die Anbader freuen sich über den Applaus von mehreren Tausend Zuschauern, wie hier auf Föhr.

»Das ist wie eine Neugeburt.«

Sagen die Mutigen.

VPV

Dem Sturm zum Trotz – Unterwegs mit dem Reetdachdecker

Reetdächer sind wieder »in«, Reetdachdecker begehrte Handwerker in Nordfriesland. Die Nachfrage bestimmt das Angebot, sogar viele Neubauten werden traditionell eingedeckt, auch wenn Reet wesentlich teurer kommt als Ziegel. Und so leben und arbeiten allein auf der Halbinsel Eiderstedt drei dieser Handwerker. Einem davon haben wir auf die Finger geschaut und ihn ein wenig ausgehorcht. Warum sind Reetdächer eigentlich so toll?

»Früher hielt ein Reetdach etwa 50 Jahre«, meint Uwe Michalski, der Mann vom Fach. Heutzutage käme es jedoch schneller zu Ausbesserungen oder Neueindeckungen. Dem Klimawandel sei Dank, doch dies ist nicht der einzige Faktor.

Zu dritt arbeiten die Reetdachdecker an der teilweisen Neueindeckung einer Kate und sind am Ende mit dem abschließenden Walm und der Säuberung beschäftigt. Denn vom ersten Tag an ist der Job ein staubiger: Das abgetragene alte Reet fliegt nur so durch die Gegend, auch während es mit einer Spezialmaschine zu handlichen Päckchen geformt wird. Das neue Reet türmt sich auf dem Anhänger in die Höhe, ganze Ballen liegen neben dem Haus. »Etwa zehn Bündel kann man für einen Quadratmeter Dachfläche rechnen«, überschlägt Michalski.

Er kauft das Reet in Ungarn, wo er es zuvor mit einem Mitarbeiter inspiziert hat. Die beiden erzählen über die schlechte Infrastruktur, die geringen Löhne und das gute Essen in Ungarn. Über die enorme Größe des Erntegebiets, das die Arbeiter in den Wintermonaten beackern, beginnend mit dem ersten Frost. Über den Prozess der Weiterverarbeitung. Sie haben alles mit Handyfotos dokumentiert – beeindruckend.

Webarbeiten auf dem Dach

»Im Reetdach steckt viel Handarbeit«, so Michalski. Auf der Halbinsel Eiderstedt leben und arbeiten drei Reetdachdecker, in ganz Nordfriesland sind es 18. Nur Reet gibt es nicht genug, da die Fennen größtenteils landwirtschaftlich genutzt werden. Dabei sprießt das Schilfrohr im feuchten Marschland wie verrückt, wenn man es lässt. Wer eine Fenne besitzt, hat meist eigenes Reet zur

Heute und anno dazumal: Restaurant und Scheune mit dem Museum des Roten Haubargs bei Witzwort

Ein reetgedecktes Kapitänshaus in Nebel auf Amrum: das Öömrang Hüs, heute ein Museum mit originellem Trauzimmer

Schichtarbeit mit Reet: Der Dachdeckertrupp arbeitet am liebsten bei trockenem Wetter.

Verfügung, das rund um die Gräben ungehemmt wuchert. Würde man es jeden Winter fachgerecht ernten, hieße das: gerade schneiden, nicht brechen, bündeln und irgendwo trocken lagern. So haben die Nordfriesen es früher gemacht – Jahr für Jahr sammelten sie die Ernte. Waren irgendwann Reparaturen am eigenen Dach fällig, hatten sie genug Material gehortet, und der Fachmann wurde bestellt.

Wie das trockene gelbe Reet dann auf dem Dach angebracht wird, gleicht einem Kunstwerk: Die Männer werkeln auf einem überdimensionierten Webrahmen, sie legen, nähen, binden das Schilfrohr. Der Winkel muss stimmen, nach unten liegt es praller. Der Traufüberstand sollte mindestens 30 Zentimeter betragen, damit das Regenwasser nicht an der Hauswand abtropft. Die Schnittenden liegen nach unten, während die Blüten im Gesamtbild ganz verschwinden. Mit Drahtschlingen wird das Schilf dann festgezurrt – nicht nur, um dem nächsten Sturm standzuhalten. Dem kann es dank höherer Elastizität nämlich eher trotzen als ein herkömmliches Pfannendach oder das Wellblech der Stallungen.

Teil der Kulturlandschaft

Als Orkan Christian im Oktober 2013 auf Nordfriesland eindrosch, hat er zwar Wirtschaftsgebäude beschädigt, Wellbleche abgetragen und Ziegel heruntergerissen, doch aus den Reetdächern konnte er nur ein paar Halme zupfen.

Reet passt zum Klima ebenso wie in die Landschaft. Traditionelle Architekturen, egal ob Kate oder Haubarg, wirken wie eine natürliche Fortsetzung ihrer Umgebung. Sie schmiegen sich ins Land, setzen auf Warften und Sommerdeichen hübsche Akzente oder ducken sich dahinter. In Reetdachkaten fühlt sich jeder Sturm weniger stürmisch an – ein Refugium an rauen Tagen. Und die gibt es nicht selten an der Nordsee. Reet isoliert besser als herkömmliche Dachziegel, was auch an heißen Sommertagen recht angenehm sein kann. Die Häuser und Haubarge auf Eiderstedt wurden mit dem Material der Region konstruiert: Schilf, Lehm, Backsteine. Echte Öko-Architektur also. Nur das Holz für die Ständer und Dachbalken kam früher aus Schweden oder Norwegen.

Egal ob Kate, Langhaus oder Haubarg: Die reetgedeckten historischen Architekturen bilden einen wesentlichen Teil der Eiderstedter Kulturlandschaft. Doch von den etwa 400 im 18. Jahrhundert gezählten Haubargen sind nur 40 übrig geblieben. Der größte Feind des Reethauses ist das Feuer – in Windeseile kann es unter das Reet kriechen und nach den Balken lecken.

Einer der bekanntesten Haubarge steht in der Nähe von Witzwort, einer kleinen Gemeinde auf Eiderstedt. Auch wer den Ort nicht kennt, hat meist schon den sogenannten Roten Haubarg besucht, ein mächtiges Reethaus aus dem 17. Jahrhundert. Er zählt wie die restlichen Verbliebenen zur Gattung geräumiger Bauernhäuser aus dem 16.–19. Jahrhundert. Heute sind sie typisch für die Halbinsel Eiderstedt, doch stammt der Bautyp von holländischen Einwanderern während der Blütezeit im 16. und 17. Jahrhundert. Zuvor existierte vornehmlich das friesische Langhaus, das in der kleinen Variante Kate genannt wird.

Im Haubarg lebten und arbeiteten Mensch und Tier unter einem Dach: Es gab genug Platz, um das Heu zu stapeln, Bedienstete zu beherbergen, Pferde und Rinder unterzustellen. Trotz des großen Umfangs erwies sich der Ständerbau in seiner Grundstruktur als unerschütterlich – selbst bei Sturmfluten. Der Rote Haubarg, dessen Fassaden heute weiß gestrichen sind, beherbergt neben einem Café und Restaurant auch ein Museum, das die Bauart und einstige Lebensweise des Großbauernhofs mit vielen Originaldetails und einem Modell entsprechend veranschaulicht.

Der Retro-Trend

Reetdächer mit ihrem Charme, ihrer Natürlichkeit und Gemütlichkeit sind seit ein paar Jahren wieder

Oben: Feinarbeit in luftiger Höhe:
Das Reet wird befestigt.
Unten: Reetdachdecker Uwe Michalski

Oben: Landschaft und Architektur in Harmonie: Das Altfriesische Haus auf Keitum ist heute ein Museum.
Rechte Seite: Auch bei neuen Häusern steht Reet wieder hoch im Kurs.

stark gefragt. Auch Neubauten in Sankt Peter-Ording oder auf Sylt werden gern traditionell gedeckt. Dabei ist das Ganze zunächst eine recht kostspielige Angelegenheit: Ein Hausbesitzer muss pro eingedecktem Quadratmeter mit etwa 100 Euro rechnen. Reet wird hierzulande rar, teilweise kann es auch aus Gründen des Naturschutzes nicht geerntet werden. Darüber hinaus steckt, wie erwähnt, viel Handarbeit im Verarbeitungsprozess. Wehe dem, der einen ganzen Haubarg instand halten muss. Zu einer kompletten Neueindeckung kommt es da eher selten. Einmal leitete Reetdachdecker Michalski so ein Großprojekt: »Da kann man schon mal stolz sein.« Denn so ein Haubargdach kann einen Dachdeckertrupp über mehrere Monate beschäftigen.

Michalski demonstriert, wie sie das trockene Schilfrohr einst und auch heute noch befestigen: Während man die Drähte früher von innen um Latten und Reet wob, werden sie heute in die Latten geschraubt und dann von oben zugezogen. Die meisten Dachgeschosse sind ausgebaut, d.h., von innen kann nicht am Reet gearbeitet werden. In früheren Zeiten nutzte man das Obergeschoss als Lager; der Wind konnte durchs Reet pusten, und Moos setzte weniger an. Auch gab es selten Gauben und Fenster im Dach, nur einen Giebel mit einem Türchen, durch das der Bauer seine Vorräte einbrachte.

Die Arbeiter stehen auf dem Gerüst und balancieren über wackelige Bretter, um näher ranzukommen. Schwindelfrei muss man in diesem Job schon sein, doch die Kate ist niedrig und so auch das Gerüst. Etwas anderes sind da schon die Arbeiten direkt auf dem steilen Dach. Und das bei nahezu jedem Wetter, egal ob bei Wind oder Nieselregen. Ist ein Haus rundherum von Bäumen umgeben, müssen die Äste regelmäßig zurückgeschnitten werden, damit das Dach nicht unter dem Laubwerk verschwindet und nach jedem Regen möglichst flott wieder trocknen kann.

Am nächsten Tag werden die Reetdachdecker wiederkommen und die abschließenden Arbeiten verrichten. Blond und hübsch ist das Dach geworden, es wird jedoch rasch ergrauen. Spätestens nach drei Jahren hätte es die typische Reetdachfarbe, prophezeit Michalski. Unauffällig, aber schön. Grau wie der Him-

mel an unzähligen Tagen und grau wie die Nordsee. Geschmeidig wirkt das Reetdach, gemütlich zu jeder Jahreszeit. Kein anderes passt so sehr in die flache Marschlandschaft.

Das Museum des Roten Haubargs hat täglich außer Montag von 11–22 Uhr geöffnet, der Eintritt ist kostenlos (Sand 5, 25889 Witzwort, Tel. 04864/845, www.roterhaubarg.de).

Der Seehundjäger – Bei den Robben und Seehunden auf Helgoland

Sie sonnen sich auf Sandbänken und sind im Gegensatz zu den scheuen Schweinswalen stets im Wattenmeer präsent: Im niederländischen, deutschen und dänischen Weltnaturerbe wurden zuletzt 26000 Seehunde gezählt, doch Experten vermuten hier sogar um die 38000, während es etwa 5000 Kegelrobben gibt. Helgoland ist bei beiden Robbenarten sehr beliebt. Und so kümmert sich ein Seehundjäger gemeinsam mit zwei Rangern um das optimale Miteinander von Menschen und Tieren.

Seehundjäger Michael Janßen
Rechte Seite: Kegelrobben liegen faul am Strand und tanken Sonne.

Genau genommen liegt die Insel Helgoland zwar nicht mehr im Wattenmeer, zählt jedoch kulturgeschichtlich dazu, denn viele Einwohner sprechen Halunder, einen Dialekt der friesischen Sprache. Und was Helgoland außer einer recht bewegten Geschichte noch auszeichnet: Man kann ganzjährig zwei von 35 weltweit existierenden Robbenarten, nämlich Seehunde und Kegelrobben, beobachten.

Die Fährschiffe, die in Büsum oder Cuxhaven ablegen, bringen ihre Gäste in ein paar Stunden nach Helgoland, im Sommer sogar täglich. Die Zeit verfliegt auf der Reise übers große Blau, da zeichnen sich auch schon die Konturen von Haupt- und Badeinsel ab. Alle Passagiere müssen umsteigen und werden mit den typischen Börtebooten zur Hauptinsel gebracht. Einst konnte man von dort zu Fuß zum Strand laufen, doch eine Sturmflut im 18. Jahrhundert riss Helgoland entzwei. Daher nimmt man heute die Dünenfähre, um zur Badeinsel zu gelangen.

Drollig und gefährdet

Eigentlich fungiert Michael Janßen als Betriebsleiter der Düne, den Seehundjäger-Job macht er ehrenamtlich. Dabei stehen ihm noch eine Dünenrangerin und eine Hilfsrangerin zur Seite. Naturschutz und ein harmonisches Zusammensein von Menschen und Tieren haben für ihn und seine Mitarbeiterinnen oberste Priorität.

Am Nordstrand der Düne tanken mehrere Hundert Kegelrobben Sonne, dazwischen liegen nur wenige Seehunde, die ansonsten den Südstrand für sich auserkoren haben. »Genau wie wir brauchen die Tiere das Sonnenlicht für die Vitamin-D-Produktion«, so Janßen. Ein paar Naturfotografen liegen mit schweren Objektiven im Sand, für sie ist die Insel ein Hotspot – immer auf der Lauer nach dem besten Moment, der schönsten Geste, dem drolligsten Blick. Es ist die neue Art der Jagd, denn seit den 1970er-Jahren stehen Seehunde ganzjährig unter Schutz. Was die Kegelrobben angeht, ist die Situation noch strenger reglementiert, denn man ist froh, dass es überhaupt wieder eine Population im Wattenmeer gibt.

Nachdem in den letzten Jahrhunderten auch gern mal Urlauber die Flinte in die Hand nahmen, ist Michael Janßen nunmehr der Einzige auf Helgoland, der schießen und so in Notfällen ein Tier erlösen darf. Wenn es irgendwie geht, versucht er kranke Tiere zu retten. Allein im letzten Jahr hat er 58 Heuler nach Friedrichskoog in die Seehundstation geschickt. Nur dort können kranke oder verlassene Robben innerhalb von Schleswig-Holstein aufgenommen werden, und nur ein Seehundjäger kann Heuler bergen. Probleme gäbe es vor allem mit Stellnetzen, so Michael Janßen. Sechs Tiere hat er seit Anfang des Jahres von Netzres-

Mit dem Börteboot geht es weiter nach Helgoland.

ten befreien müssen, die mit der Zeit bei einem im Wachstum stehenden Tier tief in Haut und Fettgewebe einschneiden und schlimme Wunden verursachen. Wenn solche Tiere am Strand gesichtet werden, versucht er mit seinen Helfern, sie einzufangen und die Nylonschnüre zu entfernen.

Wenn Kegelrobben Witze machen

Janßens Blick schweift über den Strand. »Heute liegen hier hauptsächlich Bullen.« Sie seien eher dunkel mit hellen Flecken, während es bei den Weibchen umgekehrt wäre. Doch die Kegelrobben sind mitten im Fellwechsel und wirken alle mehr oder weniger wild gemustert. Der Seehundjäger zeigt auf eine Robbe, die sich an der Wasserkante entlangbewegt. Das neugierige Weibchen taucht kurz ins Wasser, um sich schließlich einem einzelnen Seehund zu nähern, der aber nicht auf ihr Spiel eingeht. Also kehrt die Kegelrobbe ins Wasser zurück und dreht sich ein paar Mal um die eigene Achse. »Das ist Jux und Tollerei«, meint der Experte. »Da sag mal einer, Tiere hätten keinen Humor!« Schmunzelnd erzählt er, wie sich einmal eine Robbe Seetang auf den Kopf schaufelte, immer wieder. Manchmal gingen sie aber auch einen Schritt zu weit in ihrem Übermut – so jagten ein paar Jungtiere einmal eine Eiderente, die dann samt Federn in einem Maul landete. Ansonsten steht eher Fisch auf dem Robben-Speiseplan. Allerdings gibt es ein paar Bullen, die sich darauf spezialisiert haben, Seehunde zu fressen und sogar Jungtiere ihrer eigenen Art. Das passiert mitunter auch vor den Augen der Touristen.

An diesem Frühlingstag herrscht eine entspannte Stimmung. Stundenlang könnte man den Tieren zuschauen, ihren Erzählungen lauschen. »Uuuuuuuuh«, macht ein Weibchen, und es klingt wie Sirenengesang. Oft hört man auch eine Art Fauchen, Rotzen, Maulen. Dann kehrt wieder Ruhe ein. Manchmal übernachtet

Michael Janßen im Sommer draußen auf der Düne, dann hört er den Gesang und das Gejodel der Tiere die ganze Nacht hindurch. Schön muss das sein.

Die Aristokraten von der Waterkant

Langsam zieht er weiter zum Südstrand der Insel, zu den Seehunden. Silbrig glänzen ihre Leiber in der Sonne. Wesentlich kleiner, zarter, fischartiger und distanzierter wirken sie. Liegen in aristokratischer, sichelförmiger Pose an der Wasserkante. »Wenn sich einem beim Baden im Sommer ein Tier nähert, dann ist das meist eine Jungrobbe.« Der Seehundjäger meint, sie könnten frech bis penetrant werden, auch gegenüber Menschen. Sollte es zu einer Verletzung durch eine Robbe kommen, kann die Wunde auf der Düne direkt medizinisch versorgt werden, darauf seien sie hier im Sommer eingerichtet.

Der Mann im Ranger-Outfit unterhält sich immer wieder mit Gästen, die Fragen stellen. Überhaupt wirkt Janßen mehr wie ein Betreuer und Beschützer sowie Mittler zwischen Mensch und Tier denn wie ein Jäger. Auch redet er den Seehunden und Robben gut zu. Ob sie ihn verstehen? Ihre Sprache hat Janßen jedenfalls gelernt: »Wenn sie z. B. mit der Flosse winken, sie auf und ab bewegen, dann ist das keine Einladung, näher zu kommen. Es heißt: Hau ab!«

Dennoch gäbe es Situationen, da muss er eine Entscheidung fällen, auch wenn es ihm schwerfällt. Wenn etwa die starke Rückenkrümmung einer Robbe auf Lungenwürmer hinweise, dann kann er meist nicht mehr tun, als das Tier zu erlösen. Bei Seehunden darf er diese Entscheidung selbst fällen, bei Robben muss er zuerst nachfragen.

Auch die Ranger halten die Augen auf und beobachten die Tiere ständig. Eingreifen darf aber nur der Seehundjäger, der dafür ausgebildet ist. So musste Michael Janßen den Jagdschein machen, Jagdaufseher werden und Schulungen über maritime Säuger absolvieren. Bereut hat er es nie. Auf der Helgoländer Düne fühlt er sich mindestens so wohl wie die Robben. Und wenn er einen Heuler retten kann, freut er sich wie ein Kind.

Robben sind elegante Schwimmer.

So nahe wie auf Helgoland kommt man selten an die Meeressäuger heran. Doch werden auch Ausflüge mit dem Schiff von Tönning, Schlüttsiel oder Dagebüll zu den Sandbänken im Wattenmeer angeboten. Beim Beobachten vom Wasser aus sind ein gutes Objektiv und ein Fernglas nützlich (www.unsere-kueste.de).

Auch die Seehundstation in Friedrichskoog ist einen Ausflug wert: Die beiden heimischen Robbenarten können hier an Land und unter Wasser beobachtet werden. Nur wenige leben dauerhaft dort, und zur Aufzuchtstation haben die Besucher keinen Zutritt. Damit die Jungtiere dort ohne Störungen aufwachsen können, hat man Kameras zur Beobachtung installiert (https://seehundstation-friedrichskoog.de).

Und noch ein wichtiger Hinweis: Wer verletzte Robben oder einsame Heuler in freier Wildbahn findet – nicht anfassen, Abstand halten und am besten den zuständigen Seehundjäger oder die Polizei informieren!

Elegant posieren die Seehunde am Südstrand der Düne.

Tanz der Flammen – Biikebrennen

Im Winter herrscht skandinavische Dunkelheit in Nordfriesland. Wenn allerdings die ersten Schneeglöckchen ihre Köpfe aus der matschigen Erde strecken, riecht es nach Frühling. Das muss gefeiert werden, auf den Inseln, Halligen und entlang der Küste lodern die Biiken auf. Zum geselligen Frühlingsfeuer trifft man sich, lauscht der Feuerrede, schnackt mit den Nachbarn und widmet sich anschließend dem Grünkohl.

Das Meer singt im Duett mit dem Wind das Lied der Küste. Einzelne Soloeinlagen von Möwen und Austernfischern darin. Ein zarter Duft von Frühling. Gegen Ende Februar werden die Tage an der Küste länger, und das Dämmerlicht erhellt noch gegen sechs Uhr abends den Horizont rund um Nordstrand. Dort zuckt schon das Feuer am Hafen von Süderhafen auf; die Nordstrander beginnen ihr Biikebrennen ein bisschen früher als das Festland. Im gegenüberliegenden Schobüll beschwört die Bürgervorsteherin die uralten Traditionen herauf, erzählt vom Austreiben des Winters, während die gesamte Nachbarschaft im Festzelt lauscht. Wie Süderhafen veranstaltet Schobüll ein kleines, intimes Biikebrennen. Kein Vergleich mit Wyk auf Föhr oder Westerland auf Sylt. Die Kinder, die den Biikehaufen entzünden dürfen, halten ihre schwarzen Fackeln ungeduldig in der Hand. Natürlich hat die Feuerwehr ein Auge auf das Geschehen. Ein Kinderchor stimmt ein Seefahrerlied an, und das kommt nicht von ungefähr. Denn in vergangenen Jahrhunderten verdingten sich die Nordfriesen nicht selten als Seeleute – zunächst beim Heringsfang um Helgoland, später beim Walfang im Nordmeer. Ähnlich war und ist es im dänischen Südwestjütland. Bei den Nachbarn brennen am »Pers Awten«, dem Vorabend des Petritages, die Feuerhaufen. So teilt sich Nordfriesland die Tradition der Biike mit Südwestjütland.

Im Zeichen des Feuers

Noch ein Gedicht auf Platt, vorgetragen von einer jungen Schobüllerin, und schließlich laufen vom Zelt zum Holzhaufen. Bei minus fünf Grad rückt man eng zusammen und dicht an die auflodernden Flammen heran. Was für ein Schauspiel! Von mehreren Stellen umschlingen die Feuerzungen das Astwerk, Funken sprühen in die Höhe. Fasziniert sieht Alt und Jung in das Knistern, Knacken, Flackern und Zischen. An diesem Punkt kommt es dem 2000 Jahre alten heidnischen Ursprungsfest des Vertreibens der Wintergeister am nächsten. Die Hitze des Feuers wärmt die Gesichter, nur von den Füßen an aufwärts fühlt sich der Winter kalt an.

Die Feuerwehr überwacht das Anzünden der Biike durch die Kinder.

So eine Biike direkt am Hafen ist besonders stimmungsvoll.

Inzwischen ist es stockdunkel über dem Meer, gut sichtbar das Aufglühen der Küstenfeuer überall am Horizont. Eigentlich reden wir Sylter Friesisch, wenn wir von »Biike« sprechen, das Wort für Feuerzeichen. Die sogenannten Feuerreden werden oft zweisprachig gehalten: auf dem Festland wie etwa Schobüll eben auf Platt und Hochdeutsch, auf den Inseln hingegen auf Friesisch und Hochdeutsch. Den Ursprung der Biike bildet das Wort Bake, heute noch in der Seefahrt für »Signalzeichen« benutzt. So wollen wir also dem Frühling ein Signal setzen. »Tjen di Biiki ön!«, rufen die Sylter auf Söl'ring, ihrem Friesisch.

Zum Beispiel in Keitum auf Sylt. Kritisch bis spitz geht man in der Feuerrede auf die aktuellen Probleme der Insel ein. Vor allem der Wegfall der Geburtenstation schmerzt die Sylter sehr.

Nach und nach werfen Einheimische wie Gäste ihre Fackeln ins Feuer. Das Frühlingsfest war einmal ein Fastnachtsfeuer: Tänze und Spiele gehörten an der Küste dazu, wurden jedoch im 18. Jahrhundert von der Obrigkeit nicht mehr geduldet. So fiel auch die Maskerade beim einstigen Fruchtbarkeitsfest im Februar weg. Das Biikebrennen konnte in der zweiten Hälfte des 19. Jahrhunderts allerdings mit Strohhaufen gefeiert werden, ein günstiges Material, das überall zur Verfügung stand. In einigen Orten krönen heute noch Strohpuppen die Biike. Sie sollen den Winter symbolisieren und fallen meist als Letzte den Flammen zum Opfer. In Wyk auf Föhr etwa. Hier bildet die Strohpuppe »Piader« einen Teil der Biike-Choreografie. Den darunter brennenden Haufen bildet eine kunstvoll aus Ästen, Stroh und ausrangierten Weihnachtsbäumen aufgeschichtete Biike.

Party mit Grünkohl

Jedes Jahr am 21. Februar brennen die Frühlingsfeuer an der nordfriesischen Küste, egal ob es regnet oder schneit. Nur ein Sturm könnte das Biikebrennen an diesem Termin verhindern. Gegen Ende des 19. Jahrhunderts wurde das Datum festgelegt, als man die Feierlichkeiten rund um Fastnacht im Februar kanalisieren wollte. Noch vor der Fastenzeit sollte das Fest steigen. Dass der Termin mit der Verabschiedung der Walfänger zusammenhängen könnte, ist eine Erfindung des Sylter Lehrers C. P. Hansen im 19. Jahrhundert. Die Föhrer Seeleute trafen sich im 17. und 18. Jahrhundert traditionell am 22. Februar, um ihren Abfahrtstermin fürs Frühjahr festzulegen. Doch verabschiedet wurden sie an diesem Tag nicht, sie fuhren erst später los.

Bevor die Biike zu schwächeln beginnt, lodert sie noch einmal mit voller Kraft auf und wärmt die Zuschauer. Der Wind steht günstig und bläst die enormen Rauchschwaden der Küstenbiiken weit übers Meer. Man plaudert noch ein wenig mit Nachbarn, Freunden oder Fremden. Doch langsam leert sich der Platz rund ums Feuer, die letzten Scheite glühen auf. Die Party geht weiter, denn die Feiernden zieht es nun in die Restaurants oder nach Hause, wo der Grünkohl schon dampft – einst ein typisches Winteressen und Hauptnahrungsmittel im Norden. Ob sich die Wintergeister erfolgreich haben vertreiben lassen, wird sich in den nächsten Tagen und Wochen zeigen. Zumindest haben alle Beteiligten ihr Bestes gegeben. Und die Schneeglöckchen sind ja auch schon da.

Seit 2014 zählt die nordfriesische Tradition der Biike als gemeinschaftliches Feuerfest zum immateriellen Kulturerbe der UNESCO. Sie wird entlang der schleswig-holsteinischen Nordseeküste, auf den Insel und Halligen gefeiert.

Oben: Glühweinstand am Feuer
Mitte: Das typische Biike-Mahl: Grünkohl
Unten: Pfarrer Jens Schmidt beim Gottesdienst

Vom Kugelstoßen am Deich – Boßeln

Niederländische Deichbauer sollen die Sportart in Dithmarschen und Nordfriesland eingeführt haben – vermutlich schon im 17. Jahrhundert.

Während man in Schleswig-Holstein vom Boßeln spricht, sagen die Niederländer dazu »Klootschieten«, also Klootschießen, was auf die Ursprünge des Sports zurückzuführen ist. So verwendete man in den Anfängen »Kloot«, harte Klumpen aus Kleiboden. Heute benutzen die Spieler bleigefüllte Holz- oder Gummikugeln, die nach der Art von Diskuswerfern in die Weite geschleudert werden.

Die Feldkämpfe finden hauptsächlich im Winter statt, früher sprach man auch vom Eisboßeln. Trafen sich die Mannschaften einst auf den Fennen, geht es heute auf den Außendeich, der im Winter frei von Schafen ist. Zwei Mannschaften treten über eine festgelegte Strecke gegeneinander an. Das Team, das die größere Gesamtweite erreicht, gewinnt.

Wer einem der Frauen- oder Männer-Boßelvereine beitritt, ist gut beschäftigt, denn die Spieler treffen sich fast jedes Wochenende. Trotz der Nachwuchsprobleme verfügt z. B. auf Eiderstedt noch jedes Dorf über mindestens einen Verein. Insgesamt spielen auf der Halbinsel über 1000 Frauen und Männer – Boßeln gilt nach wie vor als Nationalsport an der Nordseeküste.

Auf Eiderstedt wird diese sportliche Tradition besonders gepflegt, wie hier beim Pokal-Boßeln in Simonsberg. Große Freude bei den Gewinnerinnen aus Kating und Kotzenbüll.

Leben hinterm Deich – Wasserkoog

Noch etwa 250 Einwohner leben heute in Wasserkoog, viele davon haben hier ihren Zweitwohnsitz. Mit seinen Reetdachhäusern wirkt es wie ein Bilderbuchdorf und wird bisweilen gern als Filmkulisse genutzt. Doch woraus besteht das Dorfleben? Keine Lokale, keine Events – sieht man mal von der Jubiläumsfeier ab, wenn der einst lebhafte Ort aus seinem Dornröschenschlaf kurz erwacht.

Im letzten Jahr haben die Einwohner richtig gefeiert: 400 Jahre Wasserkoog. Das zu Tetenbüll gehörende Dorf blühte auf, das Leben kehrte in die zentrale Wasserkooger Straße zurück. Man erinnerte sich an die Vergangenheit, die ewige Geschichte vom Meer und den Menschen an der Küste. Bevor das Land im Norden der Halbinsel Eiderstedt eingedeicht wurde, gehörte es der Nordsee. Nach und nach gewannen die Küstenbewohner ihr den Boden ab, fruchtbaren Kleiboden für Ackerbau und Viehzucht.

»Am Anfang war hier nur ein Spülkoog«, erzählt Uwe Jacob Cornils und meint die Zeit bis in die 1960er-Jahre. »Bei Sturmflut stand der Koog unter Wasser.« Der 85-Jährige stammt von der Halbinsel Eiderstedt und lebt seit 1956 in Wasserkoog. »Wir gehören zu den wenigen verbliebenen Einheimischen«, meint Cornils. »Viele der Hausbesitzer kommen heute aus Hamburg oder anderswo her. Oft sind sie nur am Wochenende hier, manche teilen sich die Häuser.« Besser als Leerstand ist das allemal, auch wenn es der Dorfgemeinschaft nur bedingt zuträglich ist.

Geboren wurde Uwe Cornils ein paar Kilometer weiter in Schockenbüll auf einer Warft, die heute nicht mehr genutzt wird. Ein leerer Hügel in der flachen Marschlandschaft, doch einer der ältesten. Im Mittelalter siedelten die Menschen nämlich neben den Prielen, die die Landschaft Eiderstedt durchzogen. Die Warft lag am Schockenbüller Tief, einem Priel, der später trockengelegt wurde.

Das Dorfleben von einst

Als Schüler konnte Cornils im Winter auf Schlittschuhen zur Sieversflether Schule laufen. »Mit der Entwässerung hat es damals noch nicht so geklappt.« Auch wären die Winter eisiger gewesen. Er zeigt auf eine historische Schwarz-Weiß-Aufnahme vom Schleusenbau im Jahr 1908. »Es gab nur eine Schleuse für ganz Eiderstedt«, erzählt er. Unmittelbar dahinter lag das Meer. Wasserkoog hatte einen eigenen Hafen mit Zollstation. Noch heute heißt die Stelle Tetenbüllspieker,

Unten und rechts: Einst lag Wasserkoog direkt an der Wasserkante – bis der neue Deich gebaut wurde.
Rechts oben: Idyllisch liegen die Boote heute im kleinen Hafen.

Malla
Tetenbüllspieker

Strandleben in Sankt Peter-Ording

APRIL BIS JUNI

Tür an Tür mit dem Meer – Vom Leben am Leuchtturm Westerheversand

Schon als Kind lebte Heinrich Geertsen am Leuchtturm, denn sein Vater arbeitete dort als Wärter. Nie wollte er in dessen Fußstapfen treten und seiner eigenen Familie ein Leben draußen vorm Deich zumuten. Doch dann kam alles anders. Und Geertsen erzählt heute noch gern seine Geschichten vom Leben mit den Gezeiten. Von Sturmfluten und Sandschollen.

Der ehemalige Leuchtturmwärter Heinrich Geertsen

Es herrscht Bewegung am Deich vor Westerhever, ganz im Westen der Halbinsel Eiderstedt: Eine Schulklasse hat sich zum Zeichnen niedergelassen, sportlich gekleidete Menschen laufen oder radeln in Richtung Leuchtturm, auf den Wiesen grasen Schafe und Lämmer. Ein Austernfischer erhebt sich, laut »kibick kibick« rufend, und er ist bei Weitem nicht der einzige Vogel. Auf den Salzwiesen von Westerhever tummeln sich je nach Jahreszeit zahlreiche Zug- und Seevögel.

Ein Stück weiter steht die erste Gruppe des Tages dem ehemaligen Leuchtturmwärter gegenüber. Heinrich Geertsen bittet die Besucher, im Maschinenraum ihre Schuhe gegen Filzpantoffeln auszutauschen. »Auch wenn ich hier nicht mehr wohne, muss ich doch saubermachen.« Dann geht es los. In Hausschuhen erklimmt die Gruppe gemeinsam mit dem ehemaligen Hausherrn zunächst Plattform 4 des Turms. 65 Stufen, immer schön im Kreis laufend. Die Sonne erwärmt die gusseiserne Außenhaut des tonnenschweren Kolosses, der wohl berühmtesten Landmarke Schleswig-Holsteins.

»Das muss ich nicht haben«, meint Heinrich Geertsen auf die Frage eines Gasts. Er meint das Trauen der Paare, die sich auf Plattform 4 das Ja-Wort geben können. Das machen immerhin 100 pro Jahr, und dafür sei ausschließlich das Standesamt zuständig. Wohl aber sei er des Öfteren schon Trauzeuge gewesen, der ehemalige Leuchtturmwärter. Auch Letzteres wollte er eigentlich nie werden. Denn er wusste nur allzu gut, wie es war, ganzjährig hier draußen zu leben.

Leben mit der Natur

Auch Geertsens Vater war nämlich Wärter von Westerheversand. Als dieser den jungen Heinrich fragte, was er mal werden wolle, meinte der Junge: »Bloß kein Leuchtturmwärter.« Schließlich wollte er Familie haben. Und welche Frau würde dieses Leben mitmachen?

Doch dann kam alles anders. In den 1960er-Jahren suchte man verzweifelt nach einem neuen Wärter in Westerhever. Man kam auf Geertsen zu, der inzwischen Frau und Kinder hatte. Andere Anwärter hatten sich bereits nach der Probezeit verabschiedet. Überraschenderweise sagte Geertsens Frau Ja zum Leben am Leuchtturm. Auf der Warft, die bei jeder Springtide vom Rest der Umgebung abgetrennt wird. Am Meer, dem wunderbaren, aber auch aufbrausenden. Wenn plötzlich im Herbst oder Winter die Wassermassen und der Wind um die Gebäude tosen. Wenn der Deich und das Leben dahinter weit entfernt scheinen. Etwa acht- bis zehnmal im Jahr kommt das Meer zu Besuch und trennt die Warften vom Rest des Landes ab.

Nur zu gut erinnert sich Heinrich Geertsen an die großen Sturmfluten von 1962 und 1976. Vor allem Letztere hat er so präsent, als wäre es gestern gewesen. Die Nordsee drängte sich über einen Meter hoch zwischen die Gebäude. Im Südhaus, das heute von den Freiwilligen im Ökologischen Jahr betrieben wird, gab es einen

Schafe grasen unterm Leuchtturm.

Schafe weiden auf den Fennen auf Westerheversand.

Wassereinbruch im Keller, damit fiel die Heizung auch in Turm und Nordhaus aus. Die Familie verschanzte sich im Nordhaus, wo sie mit einem Notstromaggregat einen Heizlüfter in Gang bringen konnte.

Hasen unterm Turm

Familie Geertsen lebte größtenteils als Selbstversorger in Westerheversand. »Schließlich war es recht beschwerlich, Dinge bis zum Turm schaffen zu müssen«, erklärt der ehemalige Wärter. Noch bis 1980, als die Leuchttürme schon auf Automatikbetrieb umgestellt worden waren, gab es nur den historischen Stockenstieg, der zum Leuchtturm führte. Er entstand kurz nach dem Bau des Turms und verläuft über 1200 Meter als schmaler geklinkerter Pfad vom Leuchtturm bis zum Deich, unterbrochen von drei Brücken, damit man trockenen Fußes über die Priele gelangt. Heute funktioniert der Stockenstieg als Einbahnstraße, die Besucher dürfen ihn nur auf dem Rückweg zum Deich benutzen. Und auch nur im Sommer. War die Nutzung früher je nach Wetterlage eine rutschige bis beschwerliche Angelegenheit, wirkt sie heute wie ein Privileg. Familie Geertsen vermied es nach Möglichkeit, Sachen zu transportieren – größere Dinge wie Möbel mussten mit der Kutsche über die Sandbank gebracht werden.

Als die Gruppe auf der oberen Plattform steht und somit alle 157 Stufen erklommen hat, belohnt sie ein fantastischer Rundumblick. Der Blick schweift über Inseln und Halligen bis hin zu den Pfahlbauten Sankt Peter-Ordings. Mehr als 40 Meter weiter unten hoppelt ein Hase über die Wiese. Und Geertsen erzählt, dass er einen Jagdschein habe und die Hasen früher bejagte, wenn es zu viele wurden. Schließlich sollte der Untergrund des Turms nicht zu stark durchlöchert werden. Dass das gewichtige Gebäude auf dem sandigen Untergrund überhaupt gerade steht, erscheint wie ein Wunder. Doch dahinter steckt System: Zusätzlich zum

Betonsockel stabilisieren 127 ins Watt gerammte dicke Eichenpfähle das Gebäude. Darüber wurde ein weiterer Sockel gemauert, 16-seitig. Das gusseiserne Kleid des Turms besteht aus 608 miteinander verschraubten Platten, die zu einer konischen Form in die Höhe wachsen.

Und ringsherum Horizont

Das Watt, die Priele, das Meer. Auch wenn er eigentlich nie Wärter werden wollte, weiß Heinrich Geertsen heute: Die Zeit in Westerheversand war die schönste seines Lebens. Er hatte ein Boot, mit dem er auf den Priel hinauspaddelte, wenn sie mal Lust auf Fisch hatten. »Sandscholle gab es dann – schöne Sache.« Doch heute seien die Schollenbestände geschrumpft. Als Grund nennt Geertsen die gewachsene Anzahl an Robben, auf deren Speiseplan ebenfalls Scholle steht. Die Familie baute auch ausreichend Gemüse im Garten auf der Warft an. Einen Teil verkauften sie und erwarben dafür Rindfleisch.

Die Versorgung war gesichert, auch wenn es mal Land unter hieß. »Wer hier lebt, lebt mit der Natur«, meint Geertsen. Bei angekündigtem Sturm blieben die Kinder bei den Großeltern in Westerhever, wo sie die Schulbank drückten. Waren die Salzwiesen schon früh morgens überflutet, konnten sie manchmal nicht mehr zum Deich gelangen. Dann hieß es mit den Eltern zu Hause lernen.

»Jeder Tag ein Abenteuer«, meint ein süddeutscher Urlauber aus der Gruppe, den Erzählungen des Wärters lauschend. Und der Mann, der so viele Jahre seines Lebens mit dem Meer quasi Tür an Tür wohnte, schaut ihn an, lächelt sein feines Lächeln und sagt: »Aber ein schönes Abenteuer.« Urlaub habe er erst nach dem Ende der Arbeitszeit gemacht. Im Harz. Nach vier Tagen seien sie zurückgekehrt. »Man konnte gar nicht weit sehen.«

Die Führungen mit dem ehemaligen Leuchtturmwärter finden immer montags von Ostern bis Ende Oktober je nach Wetterlage statt. Karten für sämtliche Führungen sind telefonisch unter 04865/1206 im Info-Hus auf dem Ahndelweg in Westerhever zu bestellen. Der historische Stockenstieg ist Teil der nordfriesischen Kulturlandschaft und fast so alt wie der Leuchtturm. Von Juli bis September ist er auf dem Rückweg vom Turm zum Deich benutzbar.

Links: Geertsen erzählt von den großen Stürmen.
Rechts: ein Blick aus dem Bullauge des Leuchtturms

Wenn die Zugvögel in Westerhever einziehen, ist es Frühling oder Herbst.

Mit dem Postboten durchs Watt – Von Pellworm nach Hallig Süderoog

Knud Knudsen läuft ein paar Mal pro Woche von der Insel Pellworm zur Hallig Süderoog, um den Halligleuten die Post zu bringen. Manchmal nimmt er dabei auch Gäste mit auf die Tour, die dann eine Kaffeepause einlegen und einmal kurz ins Halligleben hineinschnuppern können. Eine junge Familie lebt mitten im Wattenmeer, doch langweilig wird es ihnen nie.

Noch steht das Wasser im Watt und glitzert in der Nachmittagssonne. Nur wenige Menschen haben sich an der Abgangstelle WW4 hinterm Deich eingefunden. Doch bis Knud Knudsen am Treffpunkt erscheint, ist der wanderfreudige Trupp stark angewachsen. Der Postbote ist leicht zu erkennen, denn selbst bei weniger sommerlichen Temperaturen erscheint er in knappen Shorts. Oberkörper und Beine stets braun gebrannt, die Fußsohlen unempfindlich gegenüber Muschelschalen, die Frisur vom Winde verweht.

Knud schaut in die Runde und konstatiert, dass sich Barfußläufer und Wattschuhträger die Waage halten. Bevor die bunt zusammengewürfelte Gruppe die Weite des Watts für sich erobert, gibt es ein paar organisatorische Dinge zu klären. »Wer will Kartoffelsuppe? Wer trinkt Kaffee?« Knud muss dem auf der Hallig lebenden Paar alle Bestellungen weitergeben, denn sie bewirten die hungrigen Wattwanderer quasi im Nebenberuf. Nele Wree ist Vogelwartin auf Süderoog, Holger Spreer arbeitet im Küstenschutz. Und seit Kurzem erweitert Baby Fenja das Halligteam.

Mit Kind und Kegel durchs Watt

Knud erteilt die letzten Anweisungen und Infos zur Tour. »Das Wasser im ersten Priel reicht ungefähr bis hier«, meint er, die Hand an den Oberschenkel haltend. »Und wir sinken stellenweise etwa knöcheltief in den Schlick.« Für Knud Knudsen ist das seit über 17 Jahren Routine. Die gut sechs Kilometer lange Strecke läuft er sommers wie winters hin und zurück, um die Post zur Hallig zu bringen. Eigentlich ist er Wasserbauer und arbeitet im Küstenschutz.

Paare, Familien mit Kindern und Hunden begleiten die Tour. Als Knud losläuft, hat sich das Wasser fast ganz zurückgezogen, nur im angekündigten Priel steht es noch kniehoch. Die Priele laufen als Meeresarme zuerst voll, wenn die Flut kommt. Und Knud nutzt das ablaufende Wasser, um zur Hallig zu sprinten. Der Zeitplan ist straff: 90 Minuten hin, 90 zurück, dazwischen eine Stunde auf der Hallig.

Die Blicke der Gäste sind unablässig auf den Boden geheftet, bis sie sich an das glitschige Gehen im Schlick gewöhnt haben. Als sie lockerer werden und das Watt wieder sandiger und fester, schauen sie in die Weite: Zur Linken ragt der Westerhever Leuchtturm empor, Hallig Südfall ist an ihren zarten Umrissen zu erkennen. Rechts zeichnen sich die Dünen von Norderoogsand ab, einer der Außensände im Nationalpark Wattenmeer.

Die Zeit verfliegt, bis der Trupp nunmehr parallel zur Hallig läuft – immer dem Postboten folgend. Auf der Hallig warten die Gäste artig vor dem Tor. Die Halligfamilie wohnt nämlich nicht allein auf Süderoog. Neben ihrer Tätigkeit im Küsten- und Naturschutz bauen sie einen Arche-Hof für seltene und gefährdete Haustierrassen auf. Auf den Fennen sind Hochlandrinder, Schweine und Coburger Fuchsschafe auszumachen. Schließlich ist alles unter Kontrolle, Knud öffnet das Tor und lässt alle in den Mikrokosmos Hallig eintreten.

Rechte Seite:
Oben: Der Postbote Knud Knudsen startet seine Tour durchs Watt.
Unten: Das Strandcafé hinterm Deich auf Pellworm wartet mit leckerem Kuchen auf.

Willkommen
HALLIG
SÜDEROOG
DAS HERZ DER NORDSEE

Die Geschichte von Süderoog

Die Gäste erreichen den Innenhof der dreiseitigen uthlandfriesischen Bebauung und staunen angesichts des leuchtenden Gartens mitten im Wattenmeer. Sogar Bienen gibt es hier. Nele und Holger haben nämlich zwei Völker der Heidebienen aus Südnorwegen eingebürgert. Eigentlich sind sie in der Region beheimatet, jedoch fast ausgestorben. Zum Futtern finden sie jedenfalls genug im üppigen Garten.

Auf der Hallig mischen sich salzhaltige Duftnoten mit süßlichen. Meer und Blüten und Frischgebackenes. Die Gäste decken sich mit Kartoffelsuppe, Zitronen- oder Mandelkuchen ein, kommen zur Ruhe. Nach dem Essen führt Holger alle Interessenten durchs Haus, u. a. in den Schutzraum, den das Paar 2013 während des Sturmtiefs Xaver erstmals benutzte – sieht man mal vom Vogelzählen ab, denn dafür eignet sich der erhöhte Raum ebenfalls bestens. Wir sind mitten im Nationalpark, Schutzzone 1, und noch bis Ende Mai logieren die Ringelgänse auf den Halligen.

Holger Spreer erzählt, dass der Schutzraum schon zu Zeiten der sogenannten »Hallig der Jungs« errichtet wurde. Süderoog war noch im Privatbesitz der Familie Paulsen, als Hermann Neuton Paulsen hier 1927 ein Ferienlager für Jungen einrichtete. Er wollte eine internationale Begegnungsstätte mitten im Wattenmeer schaffen, »Völkerverständigung statt Krieg« hieß die Devise. 1951 führte die Schwedin Gunvor Paulsen das Werk nach dem Tod ihres Mannes fort.

Im nächsten Raum haben Nele und Holger Müll zusammengetragen, der tonnenweise Jahr für Jahr auf Süderoog angespült wird. Da steht ein englischer Fernseher neben Kitesurfbrettern, Fischerhandschuhen, Schutzhelmen, Schuhen und Kinderspielzeug. »Luftballons stellen ein riesiges Problem dar«, meint Holger. »Dabei sind es weniger die Ballons als vielmehr die Plastikschnüre.« Nicht selten müssten sie Vögel aus verknäuelten Schnüren befreien, manchmal wäre es auch schon zu spät dafür.

Hin und wieder lande auch eine Flaschenpost bei ihnen, wobei das Glas manchmal an der Steinböschung zerschelle. Doch zuletzt sei noch ein Brief aus Norwegen auf diesem Weg angekommen. Zurück im Erdgeschoss, begutachten die Gäste die an der Fassade dekorierten Heckfiguren der legendären »Ulpiano«. Einst strandeten nicht wenige Schiffe vor Nordfriesland, wie etwa diese spanische Bark an Heiligabend 1870.

Während der Wattführer schon wieder startklar ist, um die Gruppe rechtzeitig vor dem Zurückdrängen des Wassers nach Pellworm zu geleiten, begutachten die Wanderer noch den Pesel des Hauses, die sogenannte Kalte Pracht uthlandfriesischer Häuser. Während die gute Stube »Döns« mit einem Beilegeofen beheizt war, wurde der kühle Pesel nur zu besonderen Anlässen benutzt. Er ist immer noch rundherum mit Fliesen aus Holland ausgestattet, doch nun steht auch hier eine Heizung. Willige Paare können im Pesel heiraten. Sie wandern mit Knud durchs Watt, sagen Ja, lassen sich von Nele und Holger kulinarisch verwöhnen und werden später von einem Schiff abgeholt.

Westfriese trifft Nordfriese

Normale Wattwanderer hingegen dürfen Fuß- und Beinmuskulatur noch einmal strapazieren. Gut gestärkt folgen sie Knud, der erneut ein strammes Tempo vorlegt. Eine holländische Familie spricht den Nordfriesen auf die friesische Sprache an. Doch Knud meint, auf Pellworm werde neben Hochdeutsch vor allem Plattdeutsch gesprochen. In vielen Teilen Nordfrieslands wurde die friesische Sprache vom Niederdeutschen verdrängt, so auch auf Pellworm oder Eiderstedt. Noch ein letzter Blick zurück zur Hallig Süderoog, dann stapfen alle gemeinsam durchs Schlick- und Sandwatt zurück auf die Insel. Eine völkerverbindende, meditative Wanderung, begleitet vom regelmäßigen Schmatzen der Schritte, dem Gesprächsgemurmel der Gäste, dem Schweigen des Watt-Kenners. Mensch und Natur in seltener Harmonie.

Linke Seite: Knud Knudsen trifft sich regelmäßig mit Nele und Holger, denen er die Post nach Süderoog bringt.

Törtchen im Meer – Mit der Lore nach Hallig Oland

Drei von zehn Halligen sind über einen Damm mit dem Festland verbunden. Über Schienen können die Bewohner mit einer Kleinbahn das Festland erreichen und sind so unabhängig vom Schiffsverkehr und von den Gezeiten. Wer mit solch einer Lore nach Hallig Oland fährt, findet dort eine Warft, 17 Häuser, 20 Menschen und zahllose Vögel – einen Mikrokosmos mit Meerblick und den Besonderheiten des Halliglebens.

Frank Kühn wartet mit der Lore am Treffpunkt in Dagebüll. Die meist selbst gebastelte, motorbetriebene und TÜV-geprüfte Kleinbahn, wie sie quasi jede Familie auf Oland, Langeneß und Nordstrandischmoor ihr Eigen nennt, setzt sich alsbald mit Proviant und neuen Gästen in Bewegung. Hallig Oland heißt das Ziel, ein Landflecken mit rund zwei Quadratkilometern Fläche im Wattenmeer. Zur linken Seite ist der Damm schon verlandet, zur rechten plätschert die Nordsee im ruhigen Rhythmus vor sich hin. Immer wieder fliegen Austernfischer oder andere Seevögel auf, um sich ein Stück weiter wieder niederzulassen.

Die Lore ist ungewöhnlich lang: vorne ein Fahrhäuschen, dann der Transportwagen, am Ende ein offener Wagen mit Bänken für die Passagiere. Der Fahrtwind weht ins Gesicht, noch zeigt sich der Himmel zugezogen, und es ist frisch auf den Bänken der Lore. Die einzige Warft von Hallig Oland zeichnet sich deutlicher am Horizont ab. Wie ein Törtchen liegt sie im Watt, bei Sturmflut versinkt das Land um sie herum. 17 Häuser stehen auf der Warft, bewohnt von 17 ständigen Bewohnern plus drei gelegentlichen.

Von Segel-, Mofa- und Motorloren

Jedes Ruckeln und Rattern über die schmalen Schienen bringt Kühn und die Gäste dem Ziel näher. Mit dem kleinen Benzinmotor kann die Lore maximal 20 km/h erreichen, etwa 20 Minuten dauert die Fahrt – die etwas andere Art, auf eine Hallig zu gelangen. Tideunabhängiges Fahren auf Schienen. Es macht die Hallig-Bewohner unabhängig von der Versorgung auf dem Wasserweg. Dennoch müssen sie sich mit dem Landesamt für Küstenschutz, Naturpark und Meeres-

Links: Auch eine Lore muss zum TÜV.
Rechts: Windig ist die Fahrt zur Hallig Oland.

Rechte Seite:
Oben: Nach Hallig Nordstrandischmoor mit einer Lore
Unten: Die Zeit der Zugvögel auf der Hallig Oland

Oben: Ankunft auf Oland
Unten: Rasante Fahrt über die Schienen

schutz absprechen, dem die Lorendämme gehören. Am Wochenende genießen die Halligbewohner freie Fahrt, doch unter der Woche ist die Strecke meist erst nach 16 Uhr privat nutzbar.

Frank Kühn zählt zu den vier Wasserbauern von Oland und Langeneß, die im Küstenschutz arbeiten. Seine Frau Angelika vermietet eine Ferienwohnung und arbeitet als Wattführerin. Sie ist Hobby-Ornithologin, daher ist das Frühjahr auf der Hallig ein Fest für sie, vor allem die Ringelgans-Tage. Schon von Weitem sieht sie die Lore kommen und geht den Gästen entgegen. Eine Schubkarre für den Transport des Proviants nimmt sie gleich mit. Lediglich Übernachtungsgäste dürfen mit der Lore auf die Hallig gebracht werden. Und weil es keinen Kaufmann gibt, bringen die Urlauber ihre Verpflegung selbst mit.

Auf Oland gibt es bis auf eine Ausnahme nur offene Loren. Das Vorgängermodell, ein Bau aus den 1960er-Jahren, bestand aus einer Kreuzung zwischen Mofa und Kleinbahn. Für das allererste Lorenmodell kreuzte man in den 1920er-Jahren Bahn und Schiff – sogenannte Segelloren versuchten mit Windkraft voranzukommen. Bei nur lauem Lüftchen mussten die Passagiere oder die Kapitänin die vier Kilometer lange Strecke schieben. Letztere hieß Magda Matthiesen, eine Olander-Legende und resolute Person: »Käpt'n Magda«, die von 1945 bis 1968 Oland und Langeneß mit Post, Einkäufen und Gästen versorgte.

Nun ist alles anders. Ein bisschen moderner und dennoch rustikal, so eine Fahrt auf der offenen Motorlore. Auch Olands Gesicht hat sich in den 1960er-Jahren verändert. So hat man nach der großen Sturmflut von 1962 auch einen Ringdeich zum Schutz der Warft gebaut. Was bleibt, ist die Nähe und der intensive Duft des Meers. Nähert man sich den Salzwiesen, wird die Ruhe der Hallig vom Geschnatter der Gänse untermalt. Im Frühling herrscht viel Betrieb auf den Halligen – Schwärme von Zugvögeln grasen hier, um sich für den Weiterflug zu stärken. Ein Kilo Gras pro Tag schafft eine Ringelgans locker. Durch eine spezielle Drüse gelingt es ihr, den hohen Salzanteil auf den Halligwiesen auszufiltern.

Oben: Halligbewohnerin Claudia Nommensen
Mitte: Willkommen auf Hallig Oland!
Unten: Der Fething, einstige Viehtränke auf Oland

In der kleinen Halligkirche von 1824

Kühe auf Wattwanderung

Wohin das Auge blickt, nur Gras und Meer. Kein Auto, kein Arzt, kein Geschäft. Ein kleiner Friedhof nebst Kirchlein und hölzernem Glockenturm. Ein Café, das nach Bedarf öffnet, etwa wenn mal wieder eines der Ausflugsschiffe anlegt, die maximal 50 Leute für eine Stunde auf die Hallig bringen. Und dann verfügt Oland noch über eine Kuriosität: den einzigen reetgedeckten Leuchtturm des Landes. Klein ist er und fügt sich quasi organisch in das Gesamtbild der Gebäude auf der Warft ein. Links davon liegt die Ferienwohnung der Familie Kühn.

Die Türen muss man auf Hallig Oland nicht abschließen. Jeder kennt jeden. Wenn einer zuzieht, dann meist erst im Rentenalter oder als Teilzeit-Halligbewohner. Denn wie und wo sollte man hier Beschäftigung finden? Die Stellen im Küstenschutz sind rar gesät, und die Landwirtschaft ist dank Platzmangel und hohem Salzgehalt der Wiesen stark eingeschränkt. Da bleiben noch der Tourismus und das Pensionsvieh. Jedes Jahr im Mai wandern einige Kühe der Festlandbauern von Dagebüll nach Oland durchs Watt. Eine komplizierte Geschichte für Kühe und Bauern, so eine gemeinsame Wattwanderung inklusive der Durchquerung zweier Priele. Welche Kuh geht schon freiwillig ins Wasser oder in den Schlick? Wenn sie aber einmal auf der Hallig angekommen sind, ist alles gut, denn die Ruhe der Hallig nimmt jeden sofort für sich ein.

Alte und neue Zeiten

Näher am Meer kann man kaum leben. Es ist zu allen Seiten und stets präsent, während Nachbarinseln wie Föhr am Horizont schon mal im Dunst verschwinden. Sozialverträglich sollte man auf der Olander Warft allerdings schon sein, denn die Nähe zum anderen ist groß. Und seitdem sich die Warftgemeinschaft gebildet hat und alle acht Wochen tagt, klappt es ganz gut. »Da kommt alles auf den Tisch«, meint Angelika Kühn. »Wir sind nun auf dem gleichen Informationsstand.« So spricht man mit einer Stimme gegenüber der großen

Oben: Am Anleger von Oland
Unten: Die Halligkirche wirkt von außen wie ein Wohnhaus.

Hallig Langeneß, mit der Oland eine Gemeinde bildet. Wenn die Olander tagen, tun sie das im Gemeindehaus – der einzige Ort auf der Hallig, der noch mit alten Fliesen aus Holland aufwarten kann, zumindest teilweise. Ein Einwohner hatte sie gerettet, als alle auf den Halligen renovierten. Nach der Sturmflut im Jahr 1962 investierte das Land in die Halligwelt, neue, sichere Gebäude sollten gebaut werden, alle mit Schutzräumen versehen. Bei der Gelegenheit geriet leider auch viel von der historischen Einrichtung in den Bauschutt.

Einst war die Küche der einzige beheizte Raum in friesischen Häusern. Mit einem Bilegger, einem in der Wohnstube stehenden gusseisernen Beilegeofen, konnte die gute Stube vom Küchenherd aus mit beheizt werden. Rund um den Ofen fehlten selten die hitzebeständigen Fliesen »friese witjes«, die früher von den Seefahrern aus Westfriesland mitgebracht wurden: im Grundton weiß, darauf die oft maritimen oder landschaftlichen Motive sowie Mühlen, Tiere und Ornamente in blauer Farbe.

Heute vermissen viele Halligbewohner die Relikte alter Zeiten, doch sie haben neben den Fliesen auch alte Schwarz-Weiß-Aufnahmen im Gemeindehaus zusammengetragen. Ein Museum für sie selbst. Angelika Kühn zeigt auf ein Foto: »So sah es aus, als es den Ringdeich noch nicht gab.« Die Warft war niedriger, und bei einer Sturmflut öffneten die Bewohner ihre Vorder- und Hintertüren, damit die Nordsee bei Bedarf durch das Erdgeschoss spazieren konnte. »Niemand hatte damals einen Stromkasten oder Öltank im Keller.« Das Wasser kam und ging.

Mit dem Ringdeich ist es nun anders. Zwar schützt er vor Überflutung, doch sollte das Wasser mal den Scheitelpunkt überschreiten, kann es so schnell nicht wieder ablaufen. Wie in einer Badewanne, in der man den Stöpsel nicht ziehen kann. Als Sturmtief Xaver im Dezember 2013 wütete, wäre es fast so weit gekommen. »Nur etwa 50 bis 70 Zentimeter haben gefehlt«, erzählt Angelika Kühn. »Wenn *das* Standard wird!«

Tanz im Brunnen

Fakt ist: Die Zahl der Stürme nimmt zu, der Meeresspiegel steigt bedingt durch den Klimawandel schneller. Neue Konzepte werden entwickelt, die die Halligwelt in die Zukunft bringen sollen. Natürlich brauchen die Halligen auch die regelmäßigen Überflutungen, damit sich Sedimente ablagern können. So wachsen die Landflecken im Wattenmeer pro Jahr zwei bis vier Millimeter. Ihre Existenz ist wichtig für den Hochwasserschutz der Küste.

Doch wie wird die Zukunft der Halligen aussehen? Werden sie in 50 Jahren noch bewohnt sein? Angelikas Kinder arbeiten auf dem Festland. Es ist ungewiss, wer von ihnen zurückkommen wird, wer eine Perspektive auf Oland hat. Als ihre Mutter 1994 auf die Hallig zog, gab es 36 Einwohner auf Oland. Heute sind es noch 20, und mit ihren jeweils 50 Jahren zählen Frank und Angelika zu den Jüngeren.

»Jeder, der zuzieht, bringt neuen Schwung«, meint sie. Sie selbst stammt aus Wilhelmshaven, ihr Mann hingegen von der Halligfamilie Kühn. Großmutter Frieda zählte zu den guten Seelen von Oland. Fragte man beispielsweise nach dem Umfang des Brunnens hinterm Haus – einem Sodbrunnen, in dem Regen aufgefangen wurde –, so beliebte Frieda Kühn zu sagen: »Da können acht Paare drin tanzen.« Glücklicherweise sind sie seit den 1960er-Jahren auch an das Wassersystem des Festlands angeschlossen; zuvor kam das Trinkwasser per Schiff auf die Halligen, und Brauchwasser schöpfte man aus dem Sodbrunnen.

Wen der Halligvirus packt …

Draußen hängt Angelikas Nachbarin Wäsche auf. Claudia Nommensen hat ebenfalls Gäste, denen sie je nach Wunsch Frühstück, Halb- oder Vollpension anbietet. Die Eier kommen von ihren Hühnern, die sich frei auf den Halligwiesen bewegen. Zum Übernachten geht es in einen Wagen, der sie vor Fuchs oder Marder schützt. Die Hühnerhalterin kann ihn bei drohender Sturmflut auf die Warft ziehen.

So machen die Olander es auch mit ihren offenen Loren: »Wir müssen die Wagen per Hand auf die Warft schieben können, wenn eine Sturmflut bevorsteht«, erklärt Claudia. Das ginge nur mit offenen Loren, die von außen lenk- und bremsbar seien. Als Kind kam Claudia Nommensen zum Urlaub nach Oland. Wer hätte damals geahnt, dass sie als Erwachsene freiwillige Feuerwehrfrau auf der Hallig werden würde? Sie kam immer wieder, vom Halligvirus gepackt. »Irgendwann bleibt man hängen«, meint sie. Vor allem, wenn man den richtigen Partner gefunden hat. Und für sie ist die Hallig nach wie vor der beste Ort zum Leben. Claudia schaut in die Ferne: »Freiheit pur.«

Alle Vögel sind schon da: Rotschenkel (linke Seite links oben), Austernfischer (linke Seite rechts oben) und Brandgänse (linke Seite unten)

Auch die Bewohner von Hallig Nordstrandischmoor
holen ihre Gäste mit der Lore ab.

Die Reisigbündel werden mit einer Schute transportiert.

Tanz der Wasserbauer – Unterwegs mit dem Küstenschutz

Einst gewannen die Küstenbewohner dem Meer neues Land ab und schufen mit den Kögen fruchtbares Ackerland und Weiden. Doch heutzutage dreht sich alles um Küsten- und Naturschutz, und der ist fest in Landeshand. Ein Einblick in den Alltag der Wasserbauer an der Küste mit viel frischer Luft und Handarbeit.

Es ist noch früh am Morgen, als die Männer sich einfinden. Bei einer Tasse Kaffee sitzen sie zusammen im Werkschuppen hinterm Deich, reden und scherzen, bevor es an die Arbeit geht. Die Stimmung ist locker, vergnügt. Man kennt sich, arbeitet seit Jahrzehnten zusammen. Schließlich gehen alle in die Umkleide, und am Ende streift sich ein jeder noch die Wattstiefel über, überdimensionierte Overknees in Kakigrün. Einer trägt eine Watthose, und das nicht ohne Grund.

Die vier Männer stiefeln durch das teilweise noch von der Flut stehende Wasser über Schlick- und Sandflächen, sie kennen die Gegend wie ihre Westentasche. Insgesamt sei das Watt hier bei Uelvesbüll recht fest, andere Küstenschützer hätten da mehr Pech, sagen sie. Und immer schön die Hände aus den Taschen, um im Falle eines Falles das Gleichgewicht wahren zu können.

Schön fest muss er sein, der Deich

Da erhält Dietmar Jessen einen Anruf und dreht wieder um. Er wird heute Grassamen auf einem Deichstück aussäen. Kahle Stellen haben sich gebildet, wo Treibgut längere Zeit gelegen hatte. Es ist essenziell, dass der Deich schön fest ist. Das bleibt er durch eine funktionierende Grasnarbe und den Tritt der Schafe, quasi Mitarbeiter im Küstenschutz. Letztere bevölkern den Deich bei Uelvesbüll und kürzen fleißig das grüne Haar des Deichs, während die Männer weiter durch Schlick, Sand und Wasser stapfen.

Bald haben sie die kleine Schute erreicht, ein flach im Wasser liegendes Transportboot ohne Motor. Alle klettern an Bord, mit Stöcken stoßen sie sich vom Grund ab. Das Ziel ist die große Schute, ein ausrangiertes, älteres Schiffsmodell, ebenfalls nicht motorisiert, das im Husumer Lager mit Bündeln aus Fichtenzweigen befüllt und zur entsprechenden Stelle an der Küste geschleppt und dort verankert wurde – als lokales Lager. Faschinen heißen die Bündel, die von den Männern nach und nach auf die kleine Schute umgefüllt werden. Diese schiebt nun der Mann mit Watthose und Sonnenbrille, Jörg Jagsdorf, durchs Wasser, während Marco Petersen vorne abspringt und das Boot zieht.

Nun beginnt die eigentliche Arbeit, die längst nicht so alt wie der Deichbau ist. Man begann bei Deichabschluss mit dem Lahnungsbau. Die Lahnungen sehen aus wie trockenes Buschwerk in Reih und Glied: Sie bestehen aus Pfählen und Faschinen und zeichnen ein Riesengitter ins Watt. Lahnungsfelder werden im rechten Winkel zum Deich errichtet. Dazwischen heben die Küstenschützer Gräben aus, sogenannte Grüppen, damit das Wasser auch noch in den aufgeschlickten Bereich eindringen kann.

Vom Klopfen und Nähen

Die Lahnungen sollen die Verlandung vor den Deichen beschleunigen, Wellen brechen, eventuelle Strömungen in Küstennähe unterbrechen. Steht man bei Ebbe auf dem Deich, sieht das Lahnungsfeld wie ein Beet am Meeresboden aus. Erste zarte Pflanzen wachsen: Queller, auch »Spargel des Meeres« genannt.

Gewann man einst durch den Deichbau neues Land, dient er seit 1954 nur noch dem Küstenschutz.

Oben: Die Küstenschützer laden die Faschinen ab.
Unten: Schuten haben keinen Motor und müssen gezogen werden.

So müssen die gelernten Wasserbauer auch keine neuen Lahnungen mehr anlegen, sondern alte ausbessern. Von April bis November arbeitet der Trupp draußen vor Uelvesbüll, immer an der frischen Luft, bei fast jedem Wind und Wetter. Sie ziehen morsche Pfähle heraus, rammen neue in den Boden. »Dieses Jahr gab es Schäden durch Eisschollen«, meint Rolf Ehlers. Schätzungsweise 1500 Pfähle müssen erneuert werden. So hören sie z. B. beim Schlagen gegen einen Pfahl am Klang, ob er morsch ist.

»Und alle drei bis vier Jahre muss eine Lahnung nachgepackt werden.« Genau das wollen sie heute tun.

Aufbau einer Lahnung

Auf einem Abschnitt die Füllung aus Reisigbündeln verdichten. Dazu lösen die Männer mit geübten Griffen das Seil, das später wieder um die Lahnung genäht wird. Einer läuft über das alte Material und drückt es hinunter. Die frischen Faschinen werden obendrauf gepackt, und der amüsante Teil beginnt: Die drei Männer stellen sich nebeneinander auf die Lahnung, einer gibt das Kommando, und dann springen sie gleichzeitig hoch. Der Tanz der Wasserbauer. Stück für Stück arbeiten sie sich vor. Als die Strecke fertig »geklopft« ist, nähen sie mit einem Spezialwerkzeug die noch funktionstüchtige Kordel wieder auf, die auf den Pfählen mithilfe von Klammern straff gespannt wird, immer quer über die Bündel. Schließlich muss das Konstrukt sämtlichen Stürmen, Fluten und eventuellem Eisgang im Winter trotzen.

Am Ende herrscht Ebbe, die kleine Schute wird verankert und an zwei Seiten festgezogen, damit sie bei auflaufender Flut nicht davonschwimmt. Zu Fuß geht es zurück zum Deich, das obere Ende der Wattstiefel lässig hinuntergeklappt. In der Baracke werden die Stiefel ordentlich abgespült, denn Schlick gilt als magische, gut haftende Materie.

Der Klimadeich kommt

Es war in Uelvesbüll, als das einzige Stück der Eiderstedter Deiche brach, damals, mit der großen Sturmflut von 1962. Auf einer Länge von fast 100 Metern fraß sich die Nordsee ins Land, überflutete den gesamten Koog. Im Gegensatz zu Hamburg forderte die Flut in Schleswig-Holstein keine Menschenleben. Doch unzählige Abschnitte der Deiche waren zerstört oder beschädigt. Also musste im großen Stil erneuert, verstärkt, erhöht werden.

Und der Meeresspiegel steigt weiter, durch den Klimawandel rascher als gedacht. Wieder steht Uelvesbüll eine Veränderung bevor: Ab 2019 wird hier einer der neuen Klimaschutzdeiche gebaut. Das bedeutet nicht nur eine Erhöhung, sondern vor allem ein flacheres Profil sowie eine breite Kappe, die schon die nächste Erhöhung miteinkalkuliert.

Mit dem Bau haben die Küstenschützer nicht direkt zu tun, doch sie sind bestens im Bilde: Zur Außenseite darf der Deich aus Naturschutzgründen nicht gebaut werden, also wird der Platz vom Koog weggenommen. Ackerflächen werden verschwinden, und auch der Werkschuppen muss weiter wandern. »Wo wir jetzt sitzen, steht bald der neue Deich«, sagen sie. In der Zeit des Baus werden sie trotzdem ihrer Arbeit nachgehen.

Wasserbauer gelten gemeinhin als Allrounder. So waren sie bereits bei den Überschwemmungen im Herzogtum Lauenburg helfend unterwegs, als die Elbe 2013 für ein Rekord-Hochwasser sorgte. Sie haben Archäologen bei der Bergung eines spanischen Schiffs unterstützt. Und sie bergen neben Tierkadavern auch Munition oder Drogen aus dem Watt, wenn nötig. Mal ganz abgesehen von dem Plastikmüll im Wattenmeer.

Niederdrücken des alten Materials

Die Schute muss verankert werden, damit sie bei Flut nicht abtreibt.

Praktisch und schön: Stelzenbau in Sankt Peter-Ording

Stelzen am Strand – Die Pfahlbauten von Sankt Peter-Ording

Vor mehr als hundert Jahren wurde der erste Bau auf Stelzen auf der Sandbank von Sankt Peter errichtet. Die sogenannte »Giftbude« hatte jedoch wenig mit Gift zu tun: Es war eine Art Kiosk am Strand, und wegen der Gezeiten musste dieses Büdchen erhöht stehen.

In Sankt Peter-Ording dehnt sich der Strand in die Breite wie in die Länge, sodass der Eindruck einer Wüste am Meer entstehen kann. Wer an der Wasserkante entlangläuft, mag vielleicht denken: Da ist doch nichts. Nur Himmel, Wolken, Meer und Sand. Genau das ist es. Die Freiheit in dieser Weite. Sofortige Entschleunigung garantiert.

Das Land ist flach, nur die Dünen und die Pfahlbauten erheben sich am Strand. An manchen Tagen wirkt die Farbe Beigegrau alles beherrschend, egal, ob oben oder unten – alles verfließt, Himmel, Sand und Meer sind eins, die Stelzenbauten von Weitem kaum noch sichtbar. Solche Tage können umwerfend schön sein. Wenn da Stille ist. Und dann kommen wieder der tosende Wind und die Flut, und manchmal verschwindet der Megastrand sogar ganz.

Dor gifft dat wat

Die Pfahlbauten, die in jedem Winter den Stürmen trotzen, gehören zu Sankt Peter wie der Strandhafer zu den

Dünen. Alles begann vor 107 Jahren. »Giftbude« nannte man den ersten Stelzenbau – abgeleitet vom plattdeutschen »geven« für geben. »Dor gifft dat wat«: In dieser ersten Holzkonstruktion gab es etwas Gutes zu trinken.

Auf einer Sandbank wurde jene Giftbude errichtet, und wer sie besuchen wollte, musste zunächst einen Priel durchqueren, je nach Wasserstand auch schwimmend. Nicht so hoch wie die heutigen Bauten und auch weniger stabil war jene erste Konstruktion. So wurde sie irgendwann von einer Flut mitgerissen.

Als man die Pfahlbauten in der heute bekannten Form errichtete, setzte man auf Lärchenstämme. Die Plattform wuchs bis auf sieben Meter empor, und die Pfähle wurden dafür fünf Meter tief in den Sand gesetzt. Aktuell stehen fünf Lokalitäten am Beach, hinzu kommen kleinere Konstruktionen für die Wasserrettung und Toilettenhäuser, alles auf Stelzen. Der Wind pfeift durch die luftige Holzkonstruktion, und durch die Ritzen kann man den Strand unter sich sehen. Nicht selten wünscht man sich, in so einem Stelzenbau zu wohnen: bei Flut das Wasser rundherum, bei Sturm die aufspritzende Gischt.

Oben: Kitebuggy-Regatta
Unten: Die Struktur des Stelzenbaus

Leichtigkeit auf Stelzen

Doch im Winter sind sämtliche 15 Pfahlbauten geschlossen und die Aufgänge verbarrikadiert. Einsamkeit macht sich auf über 4000 Lärchenstämmen breit, die jetzt den Kräften der Natur trotzen. Alle 20 Jahre muss das Material ausgetauscht werden – der Zahn der Zeit in Form von Salzwasser nagt daran.

Und das Meer kommt immer näher. Seit der letzten Eiszeit steigt der Meeresspiegel, nun beschleunigt durch den Klimawandel. Jedes Jahr gehen sechs bis acht Meter Strand in Sankt Peter-Ording verloren, die Hochwasserlinie rückt näher. 200 Meter dahinter entsteht ein neues Mehrzweckgebäude für Wasserrettung und Strandkorbvermietung, außerdem kann sich der Besucher hier über den Strand, den Nationalpark und das Weltnaturerbe informieren. Das Schöne an den Pfahlbauten von Sankt Peter ist ja das Archaische: einfache Holzhütten, die mit der Zeit verwittern, die ein bisschen wie trockengefallene Schiffe im Watt wirken. Leichtigkeit auf Stelzen. Daher bleibt es bei der Erneuerung beim bekannten Stil und den Materialien wie Holz und Glas plus eine Photovoltaikanlage.

Die Küstenschützer, die den Strand regelmäßig vermessen, raten zur Verlegung sämtlicher Pfahlbauten. Seit den 1950er-Jahren beobachten sie die Veränderungen, das Schrumpfen des Strandes und das Anwachsen der Dünen. Alles verändert sich, und doch bleibt es gleich: jenes Gefühl, auf einem der Stelzenbauten zu sitzen, vielleicht abends aufs glitzernde Watt zu schauen. Nichts als Sand und Wasser unter dem weiten Himmel. Auf Stelzen ist der Sonnenuntergang am Meer noch mal so schön. Und man ist versucht zu sagen: Dor gifft dat wat. Pures Glück.

Das Meer kommt näher, einige Stelzenbauten
müssen verrückt werden.

Bootsmann Nico holt die Netze ein.

Fischen im Trüben – Des Krabbenfischers Traum

Bis maximal 72 Stunden sind sie draußen im Wattenmeer oder auf hoher See, die norddeutschen Krabbenfischer. Die Nordseegarnelen werden direkt an Bord gekocht und kommen bis zum Löschen der Ware in den Kühlraum des Kutters. Ein Tag an Bord unter Krabben und echten Kerlen.

Schon tagelang, wochenlang strahlt der Himmel, das Wasser ist ungewöhnlich klar. Nico wirft einen kleinen Krebs zurück ins Wasser, der mit den Krabben an Bord gelangt ist. Man kann ihm zusehen, wie er immer tiefer sinkt. »Die Nordsee muss grau sein«, meint Stefen Koch, der Kapitän der »Maja«. Schon seit drei Tagen ist er mit seinem Bootsmann unterwegs, doch der Fang wird dieses Mal eher mager ausfallen. Das Wasser ist zu klar, der Mai zu warm. »Es müsste mal drei Tage Sturm geben«, wünscht sich Koch. Wellen, die das Wasser aufmischen, damit es trüb wird. Der Idealzustand also, um die Krabben aus ihren Verstecken zu locken.

Während Nordfriesland über den Frühsommer jubelt, ziehen die Krabbenfischer von einem Priel zum nächsten. Aktuell haben sie auf der Norderhever, einem breiten Gezeitenstrom, ihre Netze ausgeworfen. Zur einen Seite leuchten die Dünen von Süderoogsand grellweiß im Mittagslicht, dem größten Außensand Europas. Zur anderen ragt der gestreifte Leuchtturm von Westerheversand in die Höhe. Winzig wirkt er aus der Entfernung.

Immer wieder greifen die Krabbenfischer zum Fernglas, um ihre Kollegen zu identifizieren, mit denen sie sich über Funk verständigen können. Zwar sehen sie jedes Schiff im Umkreis von zehn Meilen auf dem Radar, doch das befriedigt die natürliche Neugierde nicht. Drei Tage auf dem Wasser, immer im selben Rhythmus, das schärft den Blick. »Aber irgendwann wird es langweilig.« Koch fährt unter kapverdischer Flagge – aus Spaß. Aber die Wasserpolizei reagiert gar nicht. Die Kapverden sind weit weg in dieser Realität aus Wasser, Wolken und Krabben. Auf diesem Meer, das heute so still ist. Auf diesem Boot, in dem quasi jeder Zentimeter Platz auf den Krabbenfang ausgerichtet ist. Dessen seitliche Baumkurren wie Flügel übers Wasser schweben, bis sie herabgelassen werden, auf den Grund des Meeres.

Die Nordsee von oben

Jetzt heißt es aufgepasst. Ab und an muss der Kapitän die Kurren wieder ein Stück höher bringen. Er kann das Profil des Bodens auf der Anzeige des Echolots erkennen und wird so auf jede Unebenheit aufmerksam. »Das kann ein Wrack sein oder eine Bombe. Irgendein Müll auf dem Boden.« Eine Weile fährt die »Maja« mit reduziertem Tempo weiter, dann ziehen sie die Netze wieder hoch. Es regnet Meerwasser. Nico löst erst den rechten, dann den linken Knoten über dem Trichter. Die Sortierung des Fangs beginnt sogleich: Kleine Krebse, Seetang, schwarze Torfstückchen, Muschelschalen, Plastik, Holzstücke und ein kleiner Wittling gehen wieder über Bord. »Der macht uns Probleme«, sagt Koch über den silbrig glänzenden Fisch. Fresskonkurrenz sozusagen, wenn es um die Nordseegarnelen geht. Im letzten Jahr habe er sich explosionsartig vermehrt und die Krabben schon vertilgt, bevor sie groß genug für die Fischernetze waren. Dadurch gab es kaum Krabben auf dem Markt, und die wenigen waren sehr teuer.

Grundsätzlich sieht Stefen Koch die Nordseegarnelen als Delikatesse. Ihm ist es lieber, einen guten Preis pro Kilo zu erhalten, als mit riesigen Mengen für

Oben: Das Steuerhaus der »Maja«
Unten: Kapitän Stefen Koch

Oben: Baumkurre über dem Meer
Mitte: Nico holt die Krabben aus dem Kochtopf.
Unten: Der LKW der Erzeugergemeinschaft wartet im Hafen.

seiner Crew. Insgesamt tragen sieben Kutter das Pellwormer Kennzeichen, und mit seinen 47 Jahren zählt Koch quasi zu den Älteren, der Jüngste sei 32. Zwei Lehrlinge gäbe es auch. Die Ausbildung zum Fischwirt dauert drei Jahre, wobei die Azubis im Winter zum Blockunterricht nach Rendsburg müssen. Darauf folgt der Fischwirtschaftsmeister, wenn man will. Doch ohne das Kapitänspatent kein eigenes Schiff. Stefen Koch wollte als Teenager eigentlich mal Landwirt werden, doch dann hat ihn ein Freund mit aufs Boot genommen, und es war um ihn geschehen.

Viele Fischer können auch nach der Pensionierung nicht dem Wasser fernbleiben, doch Koch glaubt das von sich nicht. Die Fangsaison geht von Mitte März bis maximal Mitte Dezember. Dann beginnt Stefen Koch, zu Hause auf Pellworm die Netze zu flicken. Es ist auch mal schön, an Land zu sein.

Die Krabben, das Wattenmeer und die Fischer
Crangon crangon, auch Nordseegarnele, Granat, Porre, Sand- oder Strandgarnele genannt, zählt zu den Zehnfußkrebsen. Die Tiere leben über sandigem Grund in Nordostatlantik, Mittelmeer und Weißem Meer. Bis max. 9,5 cm werden sie lang, tragen einen chitinhaltigen Panzer und können sich farblich an den Untergrund anpassen. Bei drei jährlichen Eiablagen kann ein Weibchen bis zu 26 000 Eier im Jahr produzieren. Bestandssicherung ist daher kein Thema, eine Fangquote für Nordseegarnelen existiert nicht. Umweltorganisationen würden die Krabbenfischerei im Nationalpark Wattenmeer jedoch gern einschränken bis verbieten. Sie bemängeln hohe Beifangraten und das Umpflügen des Meeresbodens durch Baumkurren und sie setzen sich für eine Rückkehr der Sandkoralle Sabellaria ein, die einst im Wattenmeer Riffsysteme bildete. Laut der bereits erwähnten Erzeugergemeinschaft existieren keine wissenschaftlichen Beweise für die Beeinträchtigung des Meeresbodens durch die Krabbenfischerei. Viele Fischer sind bereits im Besitz des MSC-Siegels (Marine Stewardship Council) für nachhaltige Fischerei und benutzen Sieb- und Trichternetze sowie größere Steertmaschen.

Bei Hochwasser können die Schiffe
den Hafen von Pellworm verlassen.

Schafe auf Westerheversand

Ein Herz für Tiere – Schäferleben auf dem Deich

Schafe sind an der ganzen Westküste Schleswig-Holsteins als Deichpfleger unterwegs. Bei der Landwirtschaftszählung 2010 wurden in Nordfriesland und Dithmarschen gut 200 000 Tiere gezählt (Quelle: Statistikamt Nord). Doch im Schäferberuf gibt es keine geregelten Arbeitszeiten, Feiertage oder Urlaub. Den Job macht man nur mit einer großen Portion Leidenschaft.

Mona und Alfred sind voll motiviert. Kein Wunder, wohnen sie doch in »Glück im Winkel«, direkt hinterm Deich, unweit von Brunsbüttel. Als Uwe Engel an den Zaun herantritt, stecken sie ihre Köpfe durch die groben Maschen. Eine forsche Aufforderung zum Kraulen. Die selbstbewussten Handlämmer sind nicht nur an Menschen gewöhnt, sie wirken ein bisschen wie Hunde, wenn sie sich freuen, dass Frauchen oder Herrchen nach Hause kommt. Mona und Alfred gehören quasi zur Familie, und das unterscheidet sie von den fast 100 Flaschenlämmern dieser Saison. Die können Udo Engel und seine Assistentin nämlich nicht alle mit der Hand aufziehen. Dafür gibt es die sogenannte elektrische Kuh, ein Apparat, der Wasser und Milchpulver mischt. Eine kostspielige Angelegenheit für den Schäfer.

Handlämmer entstehen meist aus Drillings- oder Vierlingsgeburten. »Doch die Mutter hat ja nur zwei Striche« – Engel meint die Zitzen. Und bevor diese sich durch übermäßige Beanspruchung entzünden, wird ein Lamm ab dem zweiten Tag mit der Flasche aufgezogen. Dennoch ist es wichtig, dass es am Anfang Muttermilch bekommt – fürs Immunsystem. »In der Regel nehmen wir dann die Jungs weg. Sie sind schneller groß und schlachtreif.« Während die Mädchen später wiederum eigene Lämmer kriegen sollen.

Der Pfarrer im Schafstall

Engel ist Schäfer von Beruf, und abgesehen von Mona und Alfred verdient er sein Geld damit. Er pachtet Fennen und Deichabschnitte, damit seine 800 Tiere genug zu futtern haben. Nebenbei »arbeiten« die Schafe vom Frühjahr bis zum Herbst auf den Deichen, wo sie die Grasnarbe kurz halten und den Boden festtreten. Niemand kann das so gut wie sie. So gehören die Schafe zu den Deichen Dithmarschens und Nordfrieslands wie die Wattwürmer zum Weltnaturerbe Wattenmeer.

Damit alles gut läuft, ist Udo Engel 10–18 Stunden im Einsatz, vor allem während der Lammzeit. Die finge bei ihnen Ende Februar, Anfang März an und dauere bis Mitte April. Am Ostermontag kriegen die Mutterschafe und ihre Lämmer im Stall Besuch – da blöken sie erst mal, während Menschen neben ihnen auf Strohballen sitzen und singen. Auch während der Predigt des Pastors kommt es von Schafseiten immer wieder zu Zwischenrufen, was die Besucher zum Lächeln animiert. Aber wie sollte es sonst bei einer Messe im Schafstall sein?

Im April geht es für die Schafe auf den Deich. Immer in der Hoffnung, dass noch genug zu futtern dort ist, denn Zugvögel wie die Nonnengänse haben einen hohen Grasbedarf pro Tag und halten sich noch bis Mai auf den Salzwiesen auf. Viele Schäfer lösen dieses Problem nur, indem sie ihre Schafe zufüttern.

Udo Engel hat die meist auf den Deichen sichtbaren Texelschafe mit englischen Suffolks und teilweise mit französischen Charollais-Schafen gekreuzt. Zu den Vorteilen zählt, dass seine Schafe beispielsweise weniger zu Hufkrankheiten neigen.

Aber da wäre noch die Sache mit der Rückenlage, da muss er vor der Schur immer sehr drauf achten. Zweimal täglich kontrolliert er seine Schäflein. Wäl-

Oben: Wenn der Schäfer in der Lammzeit eine Messe im Stall organisiert.
Unten: Uwe Engel, Dithmarscher Schäfer

zen sie sich mal und kommen dann nicht mehr hoch, kann das für die Tiere lebensgefährlich werden: Der wollene Körper wird zur Tonne, die Beinchen können nicht genügend Schwung holen – die Organe verrutschen, Gase können nicht abgehen, und alles drückt auf Lunge und Herz. Ein umgekipptes Schaf, das hilflos auf dem Rücken liegt, braucht also dringend Unterstützung beim Drehen.

Bei der Bock-Auktion

Ohne Herzblut geht es nicht

Ab Mitte/Ende Mai steht die Schafschur bevor. Den richtigen Zeitpunkt zu wählen, ist eine knifflige Entscheidung, die jedes Mal sorgsam ausgetüftelt werden muss. Helfen sich die Nachbarn gegenseitig, kann der Zeitpunkt flexibel gewählt werden. Müssen professionelle Scherer bestellt werden, liegt der Termin einmal fest. So sollen die Schafe z. B. nicht frieren, wenn die sogenannte Schafskälte im Juni mal eintrifft, die auf eine alte Bauernregel zurückgeht. Im Hochsommer hingegen könnten die frisch Geschorenen einen Sonnenbrand kriegen.

In diesem Jahr ist es leicht, weil der Mai ein Bombenwetter mit sich bringt. »Allerdings ist die Wolle mittlerweile zum Abfallprodukt geworden«, meint Engel. Letztes Jahr habe er noch 1,25–1,30 Euro pro Kilo bekommen – nun werden es wohl nur 0,35 Euro sein. »Da tun wir in diesem Jahr noch Geld dazu.« Denn die Scherer müssen ja auch bezahlt werden.

70 Euro Pacht muss Engel für einen Hektar Deichfläche auslegen. Das ist zwar nicht viel, aber der Schäfer meint, sein Beruf rechne sich nicht mehr. Zwar kann er noch davon leben, doch seinen Kindern rät er entschieden vom Schäferdasein ab. Ende 2020 wird Engel in Rente gehen. Wer dann sein Werk fortführt, ist ungewiss. 1955, in seinem Geburtsjahr, ergriff sein Vater den Beruf des Schäfers. Damals stellte man sich eher die Frage: »Wo wird jemand gebraucht?« Da Engel selbst in den Beruf hineingewachsen ist, konnte er sich die Zeit und Erfahrung bei der Ausbildung anrechnen lassen. 1979 machte er seinen Meister, vier Jahre später übernahm er den Betrieb seines Vaters.

»Wichtig bei diesem Beruf ist, sich auf die Tiere einlassen zu können. Man muss einen guten Draht zu ihnen haben.« Die Schafe würden ihm schon Bescheid sagen, wenn z. B. eine Koppel abgegrast sei. »Man muss sie nur verstehen.« Natürlich lebt er von seinem Beruf. »Doch es widerstrebt mir, die Tiere nur als Wirtschaftsfaktor zu sehen.« Geht er über den Deich und sieht, dass sich mal ein Tier von der Herde abgesondert hat, weiß er, dass etwas nicht stimmt. Einmal lag ein Muttertier im Graben, während ein Lamm oben auf dem Deich laut blökte – wie eine Alarmanlage. Das andere Lamm hielt Wache bei der Mutter, dadurch war sie schnell zu finden.

»Der Umgang mit den Tieren – das macht den Job aus.« Zwei ausgebildete Border Collies unterstützen ihn dabei, jeder auf seine Art: der Rüde ruhig und eher vorsichtig, die Hündin mit Power. Udo Engel macht kleine Pausen in seiner Sieben-Tage-Woche, das ist seine Erholung. Da steht er z. B. auf dem Deich und blickt in die Ferne. Ein Austernfischer fliegt laut rufend auf. »Hoffentlich verliert er nicht sein Gelege«, hofft Engel. Denn dort drüben, im renaturierten Gebiet unterhalb des Deichs, da lauern schon Fuchs und Marderhund. Aber das ist eine andere Geschichte.

Schafe auf dem Deich (oben) und bei der Bock-Auktion in Husum

Lammkönigin Marleen Westensee und Lammprinzessin Heike Marit Carstensen übernehmen repräsentative Aufgaben für ein Jahr.

Oben: Ein Lamm hält Ausschau nach seiner Mutter bei Schlüttsiel.
Unten: Texelschafe müssen einmal im Jahr geschoren werden.

Stippvisite auf der Hallig – Mit der Kutsche nach Südfall

Nur zwei Menschen leben von März bis November auf der kleinen Hallig Südfall: Vogelwartin Gunda Erichsen und ihr Mann Gonne. Beide sind auch im Küstenschutz tätig. Wer als Besucher einen Einblick ins Halligleben erhalten will, kann entweder per Pferdekutsche oder zu Fuß durchs Watt zum Landflecken laufen – immer geführt und mit Sondergenehmigung, denn Südfall liegt in Schutzzone 1 des Nationalparks Wattenmeer.

Vogelwartin Gunda Erichsen

Es ist noch frisch an diesem Sommermorgen. Die beiden Fjordpferde ziehen an und traben gemütlich ein Stück den Deich hinunter. Über einen steinigen Pfad fahren die Kutschen durchs Watt. Uwe Jörns Blick schweift vom Pferderücken zum Horizont. Die Zügel in der Hand, erklärt er vorn auf dem Kutschbock sitzend, dass das Kunststoffgeschirr auf dem Fell der Tiere nicht scheuert, wenn es nass wird. Das sind so Dinge, an die man denken muss, wenn die Pferde durchs nasse Watt laufen. Teilweise steht das Wasser noch ein, zwei Zentimeter hoch, als die Kutschfahrt startet.

Das Ziel erhebt sich am Horizont wie ein Hügel: Hallig Südfall ist von Nordstrand an klaren Tagen gut erkennbar. Für die sieben Kilometer lange Strecke von Fuhlehörn bis zur Hallig benötigen die Pferde im gemütlichen Rhythmus etwa eine Stunde. Einige Gäste haben wohlweislich eine Decke eingepackt, in die sie sich während der Fahrt einkuscheln. Doch schon bald wird es wärmer werden, wenn die Sonne höher am Horizont steht.

Stille im Watt

Da ist nur das Ruckeln der Kutsche, das Klappern der Hufe auf dem Steinpfad. Irgendwann hört er auf, und der Weg übers Watt ist mit Holzpfählen gekennzeichnet. Das Klackern verwandelt sich in ein rhythmisches Plitsch-Platsch. »Wir könnten auch schneller fahren«, verrät der Kutscher. Doch wer braucht schon Schnelligkeit hier im Watt, wo die Welt entschleunigt ist? Wo der Meeresboden im Morgenlicht glänzt. Wo nichts ist bis zum Horizont außer dieser Weite unter dem Himmel und dem Gefühl von Freiheit. »Jeder Tag ist anders«, meint Uwe Jörns. Einige nicken zustimmend und schweigen. Ja, es gibt unendlich viele Nuancen in diesem Nichts. Je nach Wetter, Tages- und Jahreszeit. Das Watt ist voller Leben und verändert sich ständig. Man muss nur offen dafür sein.

Zur Vorbereitung auf den Landflecken, der sich vor den Augen der Gäste immer deutlicher abzeichnet, erzählt der Kutscher ein wenig über die Geschichte der Gegend. Denn vor der ersten Groten Mandränke, der großen Sturmflut von 1362, war Husum noch keine Küstenstadt, die Inseln und Halligen existierten nicht. Stattdessen zog sich ein Sanddünenwall von Sylt bis zur Eider hinunter, dahinter das Festland. Mit der Flut brachen die relativ niedrigen Deiche an etlichen Stellen, Rungholt und sieben weitere Orte gingen unter. Südfall entstand als erste Hallig gemeinsam mit Nübell und Nielandt, die bei späteren Sturmfluten jedoch wieder von der Landkarte verschwanden. Zur Zeit seiner Entstehung war Südfall allerdings gut zehnmal so groß wie heute.

Mit 4 PS durchs Wattenmeer

Da ist nur das Schnauben der Pferde in der Stille des Watts.

Mit der zweiten Groten Mandränke wird Strand in die heutigen Teile Pellworm, Nordstrand und Nordstrandischmoor zerpflückt. Auch Hallig Südfall gehörte vor der ersten Groten Mandränke zum Landstrich Strand. Heute zählt es verwaltungstechnisch zur Insel Pellworm, die zu unserer Rechten liegt.

Südfalls einzige Warft, die wir schon von Weitem ausmachen können, wurde im 19. Jahrhundert errichtet, nachdem die sogenannte Halligflut zuvor sämtliche Warften zerstört hatte und ihre Bewohner ertrunken waren. Trotzdem wurde jener Wohnhügel errichtet, und die Hallig erwachte zu neuem Leben. Als ihre berühmteste Bewohnerin galt die Gräfin von Reventlow-Criminil, die mitsamt Hofstaat und Tieren bis zu ihrem Tod mit 90 Jahren dort lebte.

Ein vielstimmiges Konzert

Steht das Wasser nicht mehr auf dem Weg, erhöht der Kutscher das Tempo. Ab und an gibt ein mitfahrender Hund ein kurzes Bellen von sich. Er sitzt auf Herrchens Schoß und sieht sich um. Langsam zieht sich die Stille zurück. Je mehr sich die Kutsche der Hallig nähert, desto zahlreicher werden die Stimmen im Watt. Fast unmerklich geht das Watt in die Hallig über. Seevögel überall, vor allem die Austernfischer übertönen alles. Kein Wunder, es herrscht Brutzeit im Frühsommer. Für die Gäste bedeutet das: achtsam sein.

Ringsherum gedeihen Salzwiesen, und die Häuser der Hallig wirken an diesem sonnigen Tag wie aus dem Ei gepellt. Eine Idylle, die jegliche Bilder von Sturmfluten Lügen straft. Die Kutsche hält, und nach und nach steigen alle Gäste aus. In den anderthalb Stunden auf Südfall dürfen sie die Wege auf der Warft nicht verlassen. Insgesamt misst die Hallig heute gerade mal 56 Hektar. Aber für Gunda und Gonne Erichsen reicht das völlig aus. Von März bis November wohnt die Vogelwartin mit ihrem Mann auf Südfall. Die Gäste werden herzlich begrüßt, sowohl von Erichsens, die sich alsdann um die Pferde kümmern, als auch von ein paar Schafen. Einige von ihnen schaffen es dabei, den Zaun zu umgehen und sich auf der Warft unter die Gäste zu mischen. Da ruft Gunda ihrem Mann auf Plattdeutsch zu, er möge die Schafe doch bitte hinauskomplimentieren, sonst müsse er nachher den Schiet einsammeln. »Gern, mein Schatz«, antwortet Gonne.

Ringsherum Weite und Watt, nur vor Westerhever ist das Meer noch zu sehen. Eng wird es auf Südfall erst, wenn die Nordsee zurückkommt. Die Besucher breiten sich ein wenig aus, drehen eine Runde und entdecken das aufgestellte Spektiv für Vogelbeobachtungen. Eigentlich gelten die im Juni brütenden Seevögel als Hauptakteure auf der Hallig. Auch schon mit bloßem Auge sind unzählige Lachmöwen (sprich: Laachmöwen) auf den Fennen auszumachen.

Vom Leben im Wasser

Derweil haben Gunda und Gonne aufgetischt. Es darf entweder deftig gespeist oder ein Stück des hausgemachten Kuchens mit Kaffee genossen werden, je nach Lust und Laune. Natürlich kann man auch einfach nur Vögel beobachten, doch die meisten haben nach der Tour durchs Watt Appetit bekommen.

In der Mitte der Warft tummeln sich ein paar Ziegen um den Fething, einen Regenwasser-Teich. Eine der Ziegen ist besonders neugierig: Sie lächelt nicht nur charmant in die Kameras, sondern will auch dem Rest der Welt zeigen, dass sie da ist, und steigt aufs Häuschen. Ein Traktor steht mitten auf der Wiese – vermutlich ist es der, den Gunda und Gonne zum Einkaufen benutzen, wenn sie aufs Festland müssen. Einmal pro Woche wird es Zeit dafür, ansonsten reiten sie lieber nach Nordstrand. Ihre Kinder seien quasi auf dem Pferderücken groß geworden, verrät Gunda Erichsen. Doch inzwischen sind sie flügge und eher selten auf der Hallig anzutreffen.

Die Küstenschützer erzählen vom Leben auf der Hallig. Wird auf einen Deich nur von einer Seite Druck ausgeübt, umzingelt das Meer eine Warft immer. »Man guckt hinaus und weiß, wo man ist«, meint Gunda. »Wir leben im Wasser.« Und genau das mache den Unterschied zwischen Hallig und Insel aus. Alle drei bis fünf Jahre holen sie sich nasse Füße. Dabei heißt es bis zu 50-mal im Jahr Land unter auf Südfall.

Schlick für den Küstenschutz

Rungholt, der legendäre, einst so lebhafte Ort – hier irgendwo liegt er begraben, zwischen Südfall und Pellworm. Ausgelöscht im 14. Jahrhundert. Naht heute eine Sturmflut und man hält sich gerade auf einer Hallig auf, sollte man Skat und Doppelkopf beherrschen, scherzt Gunda. Und zwischendurch immer mal schauen, wie hoch das Wasser schon steht. Schon als Kind hat sie Sturmfluten auf der Hallig erlebt, denn sie stammt von Nordstrandischmoor. Jede Flut bringt Schlick mit sich, und das bräuchte die Hallig, um zu wachsen. »Wir schlicken jedes Jahr ein bisschen auf.« Und doch ist eines sicher: Ohne aktiven Küstenschutz gäbe es Südfall längst nicht mehr.

Gonne kann es jedes Jahr kaum erwarten, wenn es im Frühjahr wieder auf die Hallig geht. Seine Frau liebt jede Jahreszeit auf Südfall, auch im Winter kommen sie ab und zu hierher, um nach dem Rechten zu sehen – wenn das Eis knirscht und alles so ruhig ist, dass man den Generator von Hallig Süderoog herüberhört.

Bevor das Wasser zurückkommt, machen sich die Besucher wieder auf den Heimweg, ihre Zeit auf Hallig Südfall ist abgelaufen. Zurück in Fuhlehörn, stehen einige am Strand und blicken in die Weite. Der Landflecken am Horizont erscheint nun ein bisschen näher, größer und vor allem vertrauter. So voller Leben.

Der Begrüßungs-Austernfischer aus Holz steht auf dem Zaun.

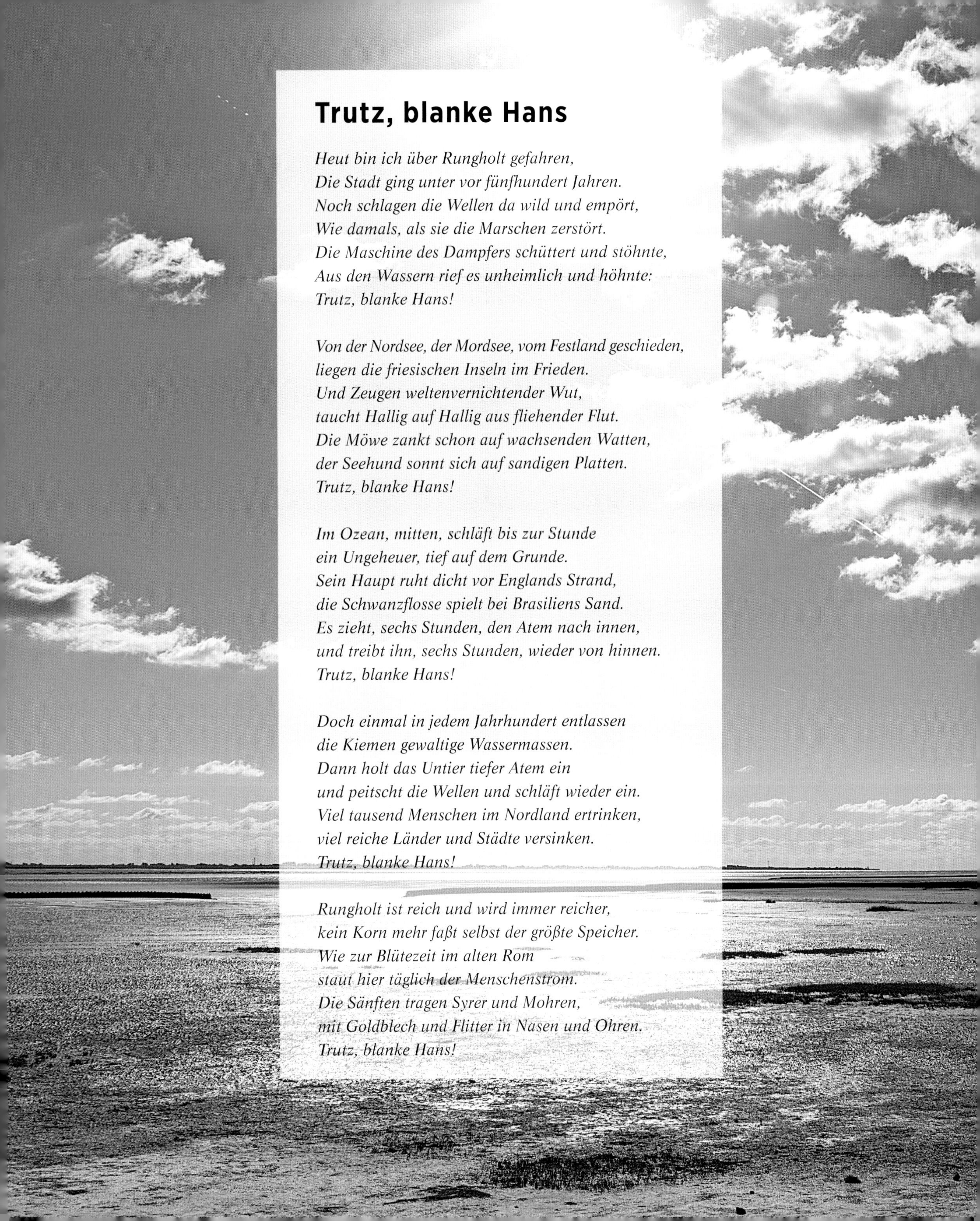

Trutz, blanke Hans

Heut bin ich über Rungholt gefahren,
Die Stadt ging unter vor fünfhundert Jahren.
Noch schlagen die Wellen da wild und empört,
Wie damals, als sie die Marschen zerstört.
Die Maschine des Dampfers schüttert und stöhnte,
Aus den Wassern rief es unheimlich und höhnte:
Trutz, blanke Hans!

Von der Nordsee, der Mordsee, vom Festland geschieden,
liegen die friesischen Inseln im Frieden.
Und Zeugen weltenvernichtender Wut,
taucht Hallig auf Hallig aus fliehender Flut.
Die Möwe zankt schon auf wachsenden Watten,
der Seehund sonnt sich auf sandigen Platten.
Trutz, blanke Hans!

Im Ozean, mitten, schläft bis zur Stunde
ein Ungeheuer, tief auf dem Grunde.
Sein Haupt ruht dicht vor Englands Strand,
die Schwanzflosse spielt bei Brasiliens Sand.
Es zieht, sechs Stunden, den Atem nach innen,
und treibt ihn, sechs Stunden, wieder von hinnen.
Trutz, blanke Hans!

Doch einmal in jedem Jahrhundert entlassen
die Kiemen gewaltige Wassermassen.
Dann holt das Untier tiefer Atem ein
und peitscht die Wellen und schläft wieder ein.
Viel tausend Menschen im Nordland ertrinken,
viel reiche Länder und Städte versinken.
Trutz, blanke Hans!

Rungholt ist reich und wird immer reicher,
kein Korn mehr faßt selbst der größte Speicher.
Wie zur Blütezeit im alten Rom
staut hier täglich der Menschenstrom.
Die Sänften tragen Syrer und Mohren,
mit Goldblech und Flitter in Nasen und Ohren.
Trutz, blanke Hans!

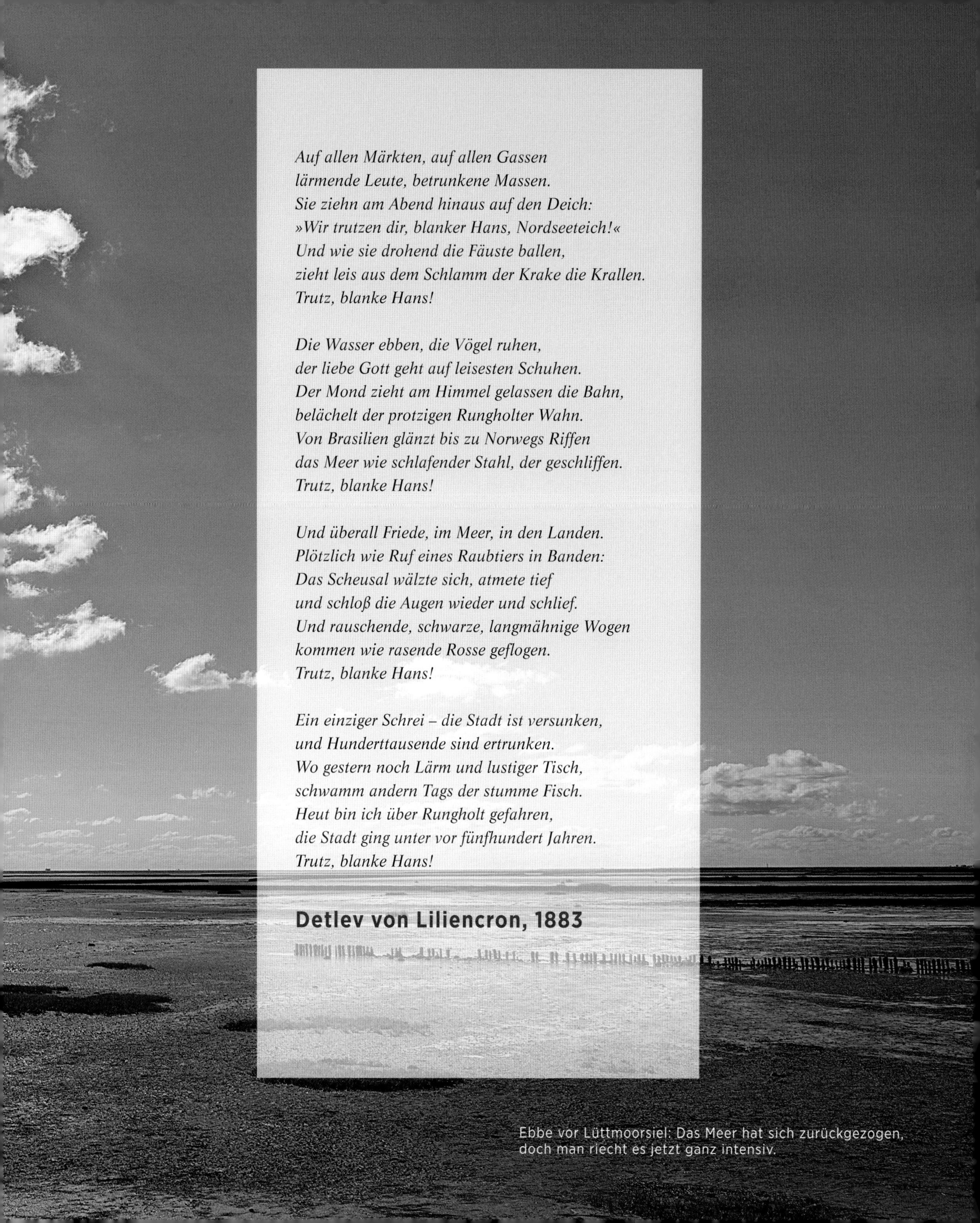

Auf allen Märkten, auf allen Gassen
lärmende Leute, betrunkene Massen.
Sie ziehn am Abend hinaus auf den Deich:
»Wir trutzen dir, blanker Hans, Nordseeteich!«
Und wie sie drohend die Fäuste ballen,
zieht leis aus dem Schlamm der Krake die Krallen.
Trutz, blanke Hans!

Die Wasser ebben, die Vögel ruhen,
der liebe Gott geht auf leisesten Schuhen.
Der Mond zieht am Himmel gelassen die Bahn,
belächelt der protzigen Rungholter Wahn.
Von Brasilien glänzt bis zu Norwegs Riffen
das Meer wie schlafender Stahl, der geschliffen.
Trutz, blanke Hans!

Und überall Friede, im Meer, in den Landen.
Plötzlich wie Ruf eines Raubtiers in Banden:
Das Scheusal wälzte sich, atmete tief
und schloß die Augen wieder und schlief.
Und rauschende, schwarze, langmähnige Wogen
kommen wie rasende Rosse geflogen.
Trutz, blanke Hans!

Ein einziger Schrei – die Stadt ist versunken,
und Hunderttausende sind ertrunken.
Wo gestern noch Lärm und lustiger Tisch,
schwamm andern Tags der stumme Fisch.
Heut bin ich über Rungholt gefahren,
die Stadt ging unter vor fünfhundert Jahren.
Trutz, blanke Hans!

Detlev von Liliencron, 1883

Ebbe vor Lüttmoorsiel: Das Meer hat sich zurückgezogen, doch man riecht es jetzt ganz intensiv.

Im Sand verscharrt und jedes Jahr wieder neu aufgebaut: eine der Amrumer Strandhütten

Ein Hauch von Hippie-Flair – Strandhütten auf Amrum

Es heißt, Amrum blicke auf eine lange Tradition der Strandräuberei zurück. Mit Feuern lockte man einst Schiffe auf falschen Kurs, die dann vor der Sandbank strandeten. Heute lebt die Insel vom Tourismus. Und das Meer trägt Müll heran: viel Plastik und wenig Holz, vielleicht mal eine Palette oder eine halbe Tür nach einem Sturm. Einheimische und Stammgäste lassen daraus Recyclinghütten am Strand entstehen.

Wer noch vor dem Leuchtturm links abbiegt und die Dünen überquert, kann eine windschiefe Konstruktion in der Weite des Amrumer Kniepsands ausmachen. Ein Kiosk? Hier? Rundherum ist nichts. Keine Strandkörbe, keine Badenden. Nur Sand, wüstenartiger Sand im Westen der Insel. Das Gebilde muss eine jener berühmt-berüchtigten Hütten sein, die man schon seit Jahrzehnten auf dem Kniepsand errichtet.

Einst wurde viel mehr Holz angeschwemmt, und die Amrumer haben damit geheizt. Mit der Umstellung auf Öl blieb das Holz liegen, was u.a. Künstler wie Otfried Schwarz zum Bau einer skurrilen Strandburg inspirierte. Dort wurden Partys am Strand gefeiert, und mit der Zeit wuchsen weitere Hütten mit Hippie-Flair in die Höhe. Heute muss man die verbliebenen Burgen suchen, die mit Hingabe Jahr für Jahr wieder aufgebaut werden.

Mit dem Rauschen der Wellen

Die Sonne brennt auf der Haut, es ist einer der kostbaren Tage eines Nordsee-Sommers, der sich rar macht. Barfuß, immer nur barfuß möchte man laufen. In einer Hütte am Strand wohnen, der alte Traum. Mit dem Rauschen der Wellen einschlafen, morgens früh im Meer baden. Doch legal ist das nicht, war es nie. Immerhin drückten die Amrumer Behörden ein Auge zu, solange eine Hütte aus Treibgut gebaut wurde. Das erleichtert zum einen die Aufräumarbeiten am Strand, und eine Besucherattraktion stellt so eine wilde Konstruktion natürlich auch dar. Hier, in den endlosen Weiten des Kniepsands, wirkt jene gelungene Komposition aus Kreativität und Anarchie wie das i-Tüpfelchen einer Welt aus Sand, Muscheln, Meer und Wolken. Wie eine Strandgeburt. Wie etwas, das man erfinden müsste, gäbe es die fleißigen bis verrückten Menschen nicht, die ihre Strandhütte jeden Herbst auseinandernehmen und im Sand verscharren, um sie vor den Winterstürmen zu schützen. Um sie dann jedes Frühjahr mittels Kreuzpeilung wiederzufinden und neu aufzubauen. Um die Herzen zahlreicher Strandspaziergänger zu erfreuen, denen die Hütten Schutz vor Regen und Wind oder einfach einen ungewöhnlichen Ort für eine Pause bieten.

Auch Details stammen aus Strandfunden.

Leben am Strand

Es gibt keine Wege und keine Wegweiser zu diesen Hütten, man stößt per Zufall auf sie. »Strandhotel Kümmel« steht z. B. auf der einen Hütte, »Achims Strandburg« auf einer anderen. Beim Sortieren des Mülls – Fischernetze und -handschuhe sind nicht selten darunter – entstehen neue Räume, kunstvolle Arrangements, neckische Details. Eine Hängematte baumelt vorm »Strandhotel« – darin zu schaukeln, eröffnet neue Perspektiven.

Nicht nur von außen ist das »Strandhotel Kümmel« ein Meisterwerk aus Treibgut, auch im Innern überzeugt es sowohl von der Konstruktion als auch von den Details her. In einem Eckschrank lässt sich eine Art Gästebuch identifizieren, eine interessante Lektüre. Neben der protokollierten Begeisterung zahlreicher Besucher ist zu erfahren, dass Annette und Uwe das Konstrukt erbaut haben.

Allein bleibt der Strandwanderer hier nicht lange. Wildfremde Menschen kommen augenblicklich miteinander ins Gespräch und erfreuen sich am Bauwerk wie an den maritimen Details: Muscheln im Fensterrahmen, ein Fußboden aus Sand. Von anderen Bauten ist hingegen nurmehr eine Ruine übrig. Ein Sturm muss daran genagt haben, und keiner hat sich die Mühe gemacht, sie wieder aufzubauen. Bleibt zu hoffen, dass sich immer genug Amrum-Verliebte finden, die diese gute alte Tradition fortsetzen – und ein bisschen Treibholz.

Schafe weiden im Naturschutzgebiet am Sylter Ellenbogen.

JULI BIS SEPTEMBER

Zwischen Mythos und Realität – Das untergegangene Rungholt

Einst bildeten die Inseln Pellworm und Nordstrand eine Einheit: Die Landschaft Strand war von zahlreichen Wasserläufen durchzogen. Doch nicht nur die großen Sturmfluten rissen sie auseinander, auch der vom Menschen betriebene Salztorfabbau begünstigte die Entwicklung. Nach der Marcellusflut 1362 entstand ein Mythos um den versunkenen Ort Rungholt.

Ein Mann sitzt vor einem Pellworm-Gemälde, die Turmruine der Alten Kirche sticht darauf hervor. Sie gilt als Wahrzeichen der Insel und wurde vor dem Bau des Leuchtturms als Seezeichen genutzt. Gebaut im 11. Jahrhundert, brach sie 1611 teilweise ab und dient nunmehr Vögeln als Nistplatz. Als wohl ältester Platz von Pellworm gilt die Kirchwarft, nach einer Legende befand sich genau hier ein mittelalterlicher Thingplatz, an dem Recht gesprochen wurde. Das war vor den großen Sturmfluten. Im Gebiet der nördlichen Halligen wurde fleißig Salztorf abgebaut, große Flächen, die genau wie die eingedeichten Köge unter dem mittleren Tidehochwasser lagen. Brachen die Deiche, hatten die Wassermassen leichtes Spiel.

Mit den großen Mandränken von 1362 und 1634 wurde das gesamte Gebiet nachträglich verändert, die einst mit dem Festland verbundene Landschaft Strand geteilt, und die Inseln Pellworm und Nordstrand entstanden. Was nach diesen Katastrophen im Bewusstsein der Menschen wuchs, war der Mythos vom untergegangenen Ort Rungholt als einer Stadt, die in Saus und Braus lebte und dafür »bestraft« wurde. Doch der Ort steht stellvertretend für viele.

Ein kleines Privatmuseum

Immerhin überdauerte die Pellwormer Kirchenruine all das. Der Mann vor dem Gemälde im Holzhäuschen kassiert 5 Euro von jedem Besucher, dann führt er durch sein privates Museum. Ab und an wandert Hellmut Bahnsen auch mit den Gästen zu den Kulturspuren der untergegangenen Siedlungen, rund um Pellworm ist das Watt voll davon. Fundstücke wie Tonscherben, Krüge und Knochen hat Bahnsen nach den Fundorten im Watt vor der Alten Kirche, in Buphever und Waldhusen sortiert. Was auf den ersten Blick wie ein wildes Sammelsurium wirkt, hat seine Ordnung. Spätestens im Museum wird auch dem Laien klar, dass der ganze Raum in früheren Zeiten besiedelt gewesen sein muss. Manchmal gibt das Meer einen Teil der Kulturgeschichte preis. »Beim nächsten Mal wäre ein Fund an derselben Stelle schon wieder verschwunden«, meint der Hobby-Archäologe.

»Ist das wie eine Sucht?«, fragt eine Besucherin, Bahnsens Schätze bestaunend. Der Rentner beginnt von seinen Anfängen in der Heimatforschung zu erzählen. 1971 ging es los, als er mit Feriengästen eine Wattwanderung auf Höhe der Alten Kirche unternahm. Dabei fand er die erste Scherbe, die wohl auf das 18. Jahrhundert zurückgeht. Schon 1980 hatte er genug Funde gesammelt, um ein kleines Museum in Westerschütting neben seinem Wohnhaus zu eröffnen. Eigentlich war Bahnsen einst Fischer und arbeitete später als Küstenschützer. Was die Geschichte angeht, ist Bahnsen Autodidakt. Und er hat zu jeder Theorie eine Meinung.

Wo lag Rungholt?

Manche verorten den untergegangenen Ort im Norden, andere im Westen von Südfall. Bahnsen denkt, er läge größtenteils unter der Hallig. Aber ob er wirklich einen Hafen hatte, davon ist der 77-Jährige nicht überzeugt. Diverse Karten in seinem Museum zeigen das Land zu unterschiedlichen Zeiten. Darunter eine Kopie der

Rechte Seite:
Links oben: Im Rungholt-Museum von Hellmut Bahnsen auf Pellworm
Rechts oben: Die Wattführerin hat eine Tonscherbe gefunden.
Links unten: Alte Siedlungsstrukturen im Watt.

Karte von Johannes Mejer aus dem 17. Jahrhundert, die der Husumer Kartograf auf der Grundlage von Skizzen und mündlichen Überlieferungen von den nordfriesischen Uthlanden des 13. Jahrhunderts angefertigt hatte. Hier ist auch ein Hafen verzeichnet, ja, die ganze Landschaft Strand war von Wasserläufen durchzogen.

Wer die Wattwanderung mit einem der Nationalpark-Guides von Nordstrand nach Rungholt unternimmt, wird noch das Muster der Entwässerungsgräben im Boden erkennen und die runde Struktur eines alten Sodenbrunnens entziffern können. Tonscherben und Backsteine sind manchmal zu sehen. Mitnehmen darf der Laie nichts davon, Bahnsen genießt einen Sonderstatus, was die Auflagen des Archäologischen Landesamts angeht. Unterwegs legt die Wattführerin eine Gedenkminute an historischer Stelle ein. Rungholt ist still wie das Watt. Manche behaupten, dass schon mal Kirchenglocken zu hören seien. Aber das fiele dann doch in den Bereich »Mythos«, so Bahnsen. Oder der Wind hat ihre Laute von den Inseln hinübergetragen.

Die Wanderungen zu den Kulturspuren mit Hellmut Bahnsen finden ab Pellworm statt, Treffpunkt Johannishörn (Termine laut Veranstaltungskalender der Insel unter www.pellworm.de).

Wer auf den Spuren Rungholts durchs Watt laufen will, kann dies ab Nordstrand mit den Nationalpark-Wattführern Jürgen und Cornelia Kost oder Christine Dethleffsen tun. Treffpunkt ist Fuhlehörn, die Wanderung dauert fünf Stunden (www.lust-auf-nordstrand.de).

Einen anschaulichen Überblick über die kulturelle Entwicklung Pellworms und seiner Umgebung bietet das Inselmuseum in Tammensiel (Uthlandestr. 2, www.insel-museum.de). Hier wird eines klar: Gleich zu Beginn der Besiedlung nahm der Mensch Einfluss auf die Landschaft.

Auch im Husumer NordseeMuseum kann man einen Einblick in die Rungholtforschung und das Alltagsleben der Uthlande gewinnen (Herzog-Adolf-Str. 25, www.museumsverbund-nordfriesland.de).

Kleine Verschnaufpause während der
geführten Wattwanderung nach Rungholt

Oben: Mit Schwung über den Graben setzen
Rechte Seite: Auch der Bürgermeister von Tating macht mit.

Sprung über den Graben – Klootstockspringen

Die Fennen an Schleswig-Holsteins Westküste sind von Wassergräben oder Sielen umgeben – so wird die Marschlandschaft entwässert.

Um von einem Feld zum nächsten zu gelangen, behalf sich der Marschenbauer früher eines längeren Stabs, der mittig im Graben angesetzt wurde. Abstoßen, springen, landen! Ganz wie beim Stabhochsprung. Mit etwas Geschick und Übung gelangte der Springer trocken auf die andere Seite des Grabens und konnte seinen Weg über die Fennen abkürzen.

Teilweise wenden sportliche Angler oder Jäger das Klootstockspringen heute noch an, wenn sie auf freiem Gelände unterwegs sind. Doch vielmehr ist diese Variante des Stabsprungs nun eine mehr oder weniger touristische Veranstaltung, so etwa im Juli in Tating auf der Halbinsel Eiderstedt. Wer will, probiert es ruhig mal! Bei breiteren Gräben wird die Sache schon durchaus etwas kniffliger – aber wenn einer mal in den Graben fällt, freut sich die Menge der Zuschauer.

Seebüllchen, das Gartenhaus der Noldes

Wenn der Gärtner ein Maler ist – Emil Nolde in Seebüll

Künstler folgen gern dem Licht – und dieses ist am Meer ein ganz besonderes. Bei Emil Nolde kommt noch etwas anderes hinzu: Er stammt aus dem Land zwischen den Meeren und aus der Heimat der Vielfalt. Seine Mutter sprach Süderjütisch, sein Vater Nordfriesisch. Und als er mit seiner dänischen Frau nach Seebüll zog, entstand ein Gesamtkunstwerk in der Marsch.

Es geht mitten übers flache Land, das dem Meer abgerungen wurde. Grüne Fennen und gefleckte Kühe, die einen neugierig anstarren. Sonst passiert nicht viel. Je weiter man sich von der Zivilisation entfernt, desto mehr hat man den Eindruck, nie anzukommen. Das ist der Moment: In der Mitte vom Nichts schlackern Fahnen im Wind. Hier muss es sein, das ehemalige Haus des Ehepaars Nolde. Emil und seine Frau Ada ließen sich in den 1920er-Jahren im deutsch-dänischen Grenzgebiet nieder. Sie hatten eine namenlose Warft für sich entdeckt und tauften den ausgewählten Ort Seebüll. Ein schmaler Pfad führt über das weitläufige Grundstück. Die heutige Nolde-Stiftung liegt abseits der Touristenströme, ganz in sich ruhend zwischen Vogelgezwitscher und Hummelgebrumm.

Farbe im Überfluss

Fast würde es schon reichen, einfach nur die Ruhe der Gegend bei Kaffee und Kuchen zu genießen, doch der

Garten neben dem Café ist zu verlockend. Es wimmelt nur so von Schmetterlingen, Bienen und Hummeln in einer üppigen Komposition aus Rosen, Stauden und Sonnenblumen. Ein Garten wie ein Gemälde. Zwar gilt Nolde als Expressionist, er hatte sich aber gründlich mit dem Impressionismus auseinandergesetzt, und das gewiss nicht nur als Kind seiner Zeit. Das Interesse des Malers galt der Kraft der Farben, das wird schon im Garten klar.

Mitten in der bunten Pracht ein reetgedecktes Häuschen, quasi mit der Funktion eines Strandkorbs. Darin konnten die Noldes ab dem Frühjahr frische Luft tanken, im Freien lesen, einfach mehr Zeit draußen verbringen. Egal ob bei Regen oder Wind. »Seebüllchen« nannten sie ihr Gartenhaus, eine Mischung aus Südsee-Hütte und Friesenkate. Nolde soll hier viele seiner Blumenaquarelle gemalt haben, inspiriert von der »Reinheit dieser Farben«. Wer es nicht weiß, wird es nicht merken: Der Garten ist nach den Initialen des Ehepaars angelegt, einem AE in Form von Wegen – eine Liebeserklärung in Form von Blumen, gezeichnet: Nolde.

Oben: Der Nolde-Garten ist auch bei Schmetterlingen sehr beliebt.
Unten: Ein Überblick über die gesamte Anlage

Das Meer in seiner wilden Größe

Die Architektur aus den 1920er-Jahren, das einstige Wohn- und Atelierhaus, thront oberhalb des Gartens. Auch das Gebäude wurde vom Maler selbst entworfen, Ähnlichkeiten mit dem Bauhaus-Stil sind kein Zufall. Jedes Jahr widmet die Stiftung hier eine andere Ausstellung dem Schaffen Noldes. Viele Aquarelle sind darunter, mit Blumen und Fantasiefiguren, aber auch großformatigere Gemälde in kräftigen Farben. Nolde, vom Meer fasziniert, wollte es »in seiner ganzen wilden Größe sehen und erfassen«.

Aber es ist vor allem das Gesamtkunstwerk aus Garten, Architektur und Landschaft, das den Besucher in seinen Bann zieht. Der weite Himmel über dem flachen Land. Die stimmungsvolle Ruhe, die gelassen macht. Abenddunst legt sich über die Marsch, ein subtiles Licht, das Nolde gefallen hätte. Vielleicht würde er nun dort draußen stehen und malen. Oder im Garten sitzen.

Die Nolde-Stiftung in Seebüll (www.nolde-stiftung.de) ist vom 1. März bis 30. November täglich von 10–18 Uhr geöffnet. Für 8 Euro (Stand: 2018) kann der Besucher Garten und Ausstellung besichtigen; mit einem Kombiticket für 14 Euro kann man sowohl die Nolde-Stiftung als auch das Kunstmuseet i Tønder im nahen Dänemark besuchen.

Wer einen Stopp im Café der Stiftung einlegen will: Neben Kaffee und Kuchen sind auch ein Frühstück sowie typische kleine Speisen wie Nordfriesische Gerstengrütze oder Holsteiner Kartoffelsuppe im Angebot.

Emil Nolde ließ das Haus nach
seinen eigenen Entwürfen erbauen.

Links: Stauden gehören in einen nordfriesischen Bauerngarten.
Oben und unten: Das etwas andere Gartenhaus: Seebüllchen, eine Mischung aus Südsee-Hütte und Friesenkate

Oben: Auf zur Halligfahrt!
Unten: Kleine Passagiere können das Kinderkapitänspatent bei Uwe Petersen erlangen.
Rechte Seite: Wenn der Halligflieder blüht …

Gröde ganz in Lila – Halligfliederblüte

Zwei Warften, acht Einwohner, eine Kirche, ein Kiosk – das ist Gröde, die kleinste selbstständige Gemeinde Deutschlands.

Im Juli gleicht die Hallig einem violetten Fest, wenn der Halligflieder wieder blüht, auch Strandflieder oder Bondestave genannt. Er gehört zu den Grasnelkengewächsen. Sein Geheimnis: Die Blätter verfügen über spezielle Drüsen und können so das Salz des Meers nach Überflutungen wieder ausscheiden.

Wer das lilafarbene Spektakel erleben will, kann eine Bootstour ab Schlüttsiel zur Hallig unternehmen. Dabei bitte nicht vergessen, die Knerken, typische Halligkekse, zu probieren!

Wenn Gröde im Sommer wieder Lila trägt,
ist die Bondestave daran schuld.

Oben: Ringreiter Kai Petersen
Unten: Diverse Ringgrößen auf Sylt
Rechte Seite oben und unten:
Morsumer Ringreiter in Aktion,
während die Zuschauer mitfiebern

Einmal Königin oder König sein – Ringreiten

Vermutlich kam es früher nach Nordfriesland als das Boßeln: Schon um 1600 wurde das Ringreiten in Eiderstedt erwähnt.

Die Bredstedter Ringreitergilde gründete sich immerhin im Jahr 1783. Was genau passiert nun bei dieser Art von Pferdesport? Bei Wettkämpfen werden zunächst sogenannte Galgen errichtet, in deren Mitte das begehrte Stück an einer gespannten Schnur baumelt. Im leichten Galopp versucht der Reiter mit einer Lanze den kleinen Ring aufzuspießen. Klingt mittelalterlich, ist es auch.

Wer die meisten Ringe ergattern kann, darf sich Königin oder König nennen. Allerdings messen die Metallringe höchstens zwei Zentimeter im Durchmesser – das verlangt Geschick und Adleraugen neben dem Reitvermögen, mal ganz abgesehen vom Pferd, ohne das eine Teilnahme nicht möglich ist. Trotzdem gibt es in Nordfriesland kaum einen Ort ohne Ringreiterverein.

Astra, Rex und Paul warten geduldig, bis die Reusen geleert sind.

Sieben Minuten für den vollen Genuss

Am Horizont bewegen sich die dicken Pötte, die nach oder von Bremerhaven die Wesermündung entlangfahren. Allein ihre Fahrrinne zählt nicht zum Nationalpark. Djurens Hunde warten geduldig am Rand des Priels, bis er alle Körbe nacheinander geöffnet, ausgeschüttet und gesiebt hat. In der aufgehenden Sonne treten sie den Rückweg an.

Zu Hause hat Frau Hanni bereits den großen Kocher in der Scheune aufgeheizt. Djuren spritzt den Schlick mit dem Wasserschlauch von Stiefeln und Hundebeinen, während Hanni die Granat kocht. Sieben Minuten bleiben sie im Wasser, dann schwimmen sie oben und sind gar. Im Gegensatz zum Kutter werden die Nordseegarnelen hier mit Süßwasser gekocht. Dafür salzt Djuren sie nach, wenn er sie draußen auf einer Siebablage verteilt hat.

Um ihren Absatz muss er sich keine Sorgen machen: »Die sind schon vorbestellt.« Vor allem Privatleute holen sie direkt bei ihm ab. Hanni pult ein paar und probiert. Gierig fressen die Hunde die Schalen, die auf dem Boden landen, und bekommen noch ein paar ganze Krabben zur Belohnung. Um sie an die Arbeit zu gewöhnen und ihnen zu zeigen, wohin die Reise geht, ist Djuren am Anfang einfach voranspaziert. »Wenn einer zieht, machen die anderen Hunde mit.« Der Vierte und Älteste im Bunde hat brav zu Hause gewartet und wird natürlich an der Belohnung beteiligt.

»Das war schön im Watt heute«, meint Erhard Djuren zum Abschluss und lässt sich ein paar der Krabben schmecken. Manchmal fällt die Tide eben so günstig, dass er zum Sonnenaufgang hinausfahren kann.

Rechte Seite oben: Djuren stellt die Reusen auf.
Rechte Seite unten: Ungekochte Krabben sind durchsichtig.

Biologin Silke Backsen zählt Wiesenvögel.

Der gute Marschboden – Aus dem Leben eines Landwirts

Als Jörg Backsen den Hof von seinem Vater übernahm, war auf der Insel Pellworm so einiges in Bewegung. Ende der 1980er-Jahre machte man sich vermehrt Gedanken darüber, ob die konventionelle Landwirtschaft zukunftsgerichtet sein kann. Die Antwort, die der nordfriesische Landwirt fand, lautete: Nein.

Das Haus der Backsens liegt auf einer alten Warft.

Pellworm, eine Marschinsel im Schleswig-Holsteinischen Wattenmeer, wurde zuletzt 1825 fast komplett von der Nordsee überflutet. Vor allem die sogenannten Großen Mandränken von 1362 und 1634 veränderten die Landschaft der Region nachhaltig. So zählte Pellworm zur Landschaft Strand, bis es eine Insel wurde. Auch der massive Abbau von Torf in vergangenen Jahrhunderten trug zur Umgestaltung der Landschaft bei. Obwohl Mensch und Meer sich über Jahrhunderte hinweg gegenseitig Land abrangen, blieb eines gleich: Auf den fruchtbaren Marschböden wurde seit Beginn der Besiedlung Ackerbau und Viehzucht betrieben.

»Mein Ururgroßvater wirtschaftete noch ökologisch«, meint Jörg Backsen von der Edenswarft in Ostersiel. Seine Frau Silke ist Biologin und arbeitet als ehrenamtliche Gebietsbetreuerin im Wiesenvogelschutz. Gemeinsam bewirtschaften sie den Bauernhof und bieten auch Ferienwohnungen zur Vermietung an.

Während sein Ururgroßvater es nicht anders kannte, hat sich Jörg Backsen bewusst für nachhaltige Landwirtschaft entschieden. Zunächst stellte er das vom Vater übernommene Agrarland und die Milchkühe auf Bio um. »Der Getreideanbau funktioniert heute nicht mehr wie einst«, weiß der Landwirt aus Erfahrung. Das hat vielerlei Ursachen. Die Witterung etwa. Und auch die Wintergäste, die gern die Saaten fressen – seit etwa 15 Jahren nimmt die Anzahl der im Wattenmeer rastenden Zugvögel wie Ringel- und Weißwangengänse sowie der niedergelassenen Graugänse stetig zu.

Die große Trockenheit

Doch auch mit den Milchkühen war es nicht gerade einfach: Eine regionale Öko-Meierei gab es damals nicht, und die Nachfrage nach Bio-Milch war zu Beginn der 1990er-Jahre verhalten. Also orientierte sich Familie Backsen neu und setzte auf ökologische Weidemast. Heute halten sie rund 200 Ochsen und Bullen, die größtenteils aus Mutterkuhhaltung in Mecklenburg-Vorpommern stammen. Da die Böden im Nordosten und auch anderswo nicht so viel hergeben wie in der nordfriesischen Marsch, hat die Weidemast hier eine lange Tradition. »Das ist wieder wie vor 200 Jahren«, sagt Jörg Backsen. Damals gelangten die Rinder über den sogenannten Ochsenweg in Jütland und über die guten Marschweiden zu den Märkten in Husum und Hamburg.

Ein weiterer Vorteil der Beweidung liegt in der Selbsterneuerung des Bodens. Durch die Gräsung bleiben die Nährstoffe in der Fläche, der Boden wird nicht ausgelaugt. »Grünland ist die Mutter des Ackerbaus«, lautet die alte Bauernweisheit. Als Biobauer produziert Backsen seine Futtermittel selbst und nutzt

Jörg Backsen und sein Sohn prüfen die Ernte.

einen Teil der Flächen zur Mahd und einen Teil zum Getreideanbau.

Wie stark die Landwirtschaft von der Witterung abhängig ist, wird in der Trockenheit der vergangenen Monate deutlich: Alle hoffen auf Regen. Zur ersten Mahd hat es noch gereicht, der Marschboden kann die Feuchtigkeit unter Grasflächen länger halten. Doch was das Getreide betrifft, braucht es spätestens im August mehr Niederschläge – andernfalls muss der Landwirt entweder Futtermittel hinzukaufen oder früher schlachten.

Während man einst erst mit drei, vier Jahren schlachtete, haben die Rinder heutzutage schon mit zwei Jahren das nötige Gewicht. »Bio-Rindfleisch ist knapp und wird gut gehandelt«, weiß der Landwirt. Rund um die Edenswarft halten sie eine Mischherde aus Gelbvieh, Fleckvieh und Angus. Geschlachtet wird auf Pellworm nicht. Das wäre natürlich die Idealvorstellung der Tierhalter, denn auch auf dem nahen Festland sind die Kapazitäten der Bio-Schlachtereien erschöpft. Was fehlt, ist ein regionaler Schlachter und das entsprechende Fachpersonal. Backsens lassen ihre zweijährigen Bio-Rinder zurück nach Mecklenburg-Vorpommern transportieren, wo sie unter Vertrag stehen.

Sommer- und Wintertage

Bei guter Witterung bleiben die Rinder bis Oktober auf den Fennen, doch im letzten Jahr war bereits Anfang September Schluss, als die große Regenzeit begann und fast sieben Monate andauerte.

Fünf Mutterkühe gehören ebenfalls zum Hof. Sie kalben ab April, und die Kleinen bleiben im Sommer bei den Müttern auf der Standweide. Dann halten Backsens noch 120 Schafe, die derzeit auf dem Außendeich stehen. Werden die Schafe in den Wintermonaten zugefüttert, erhalten sie Stroh und gequetschten Hafer aus dem eigenen Betrieb.

Im Sommer kontrolliert Jörg Backsen die Weiden, das Wasser für die Tiere und deren Zustand. Er repariert Zäune, bereitet die Ernte vor und macht die Ställe sauber. Wenn das Graswachstum nachlässt, müssen die Tiere auf eine andere Weide getrieben werden. Im Sommer halten sich wesentlich mehr Feriengäste auf Pellworm auf, der wirtschaftliche Anteil auf der Edenswarft geht hier an die 20–30 Prozent. Meist zieht es junge Familien auf den Bauernhof. Im Winter hingegen sehen die Tage der Familie Backsen ganz anders aus: Die Tiere müssen zweimal am Tag gefüttert, Silo muss geschnitten, Kraftfutter vorbereitet und eingestreut werden. Die Tage sind kürzer, der Rhythmus auf Pellworm gemächlicher. Genau diese Winterruhe ist ein Riesenpfand für alle, die Erholung suchen – und die Nordseeluft ist im Winter genauso gut wie im Sommer.

Ökologisch Wirtschaften e. V.
Vor 30 Jahren gründeten ein paar weitsichtige Pellwormer einen Verein, der seiner Zeit voraus war. Bio-Landwirte schlossen sich zusammen, und Anfang der 1990er-Jahre wirkte Pellworm fast wie eine Insel der Glückseligen: Bio-Brot wurde gebacken, man butterte aus Bio-Milch, baute Bio-Kartoffeln zum Verkauf auf der Insel an. Man beschloss sein eigenes Energiekonzept und ist heute unabhängig vom Festlandstrom – vielmehr wird Öko-Strom von Pellworm ans Festland geliefert. Um heute jedoch wieder mehr eigene Produkte direkt auf der Insel anbieten zu können, fehlt es noch an Initiativen und entsprechendem Personal. Gute Ideen haben die Pellwormer jedenfalls genug, und die reichen von der E-Mobilität bis zur eigenen Schlachterei.

Oben: Kälber grasen auf der Weide.
Mitte: Erbsen zählen
Unten: Ordnung im Geräteschuppen

Oben: Eröffnung der Kohlernte in Dithmarschen
Unten: Offizieller Kohlanschnitt hinterm Deich in Friedrichskoog

Millionen grüner, weißer, roter Köpfe – Dithmarscher Kohltage

Die südliche Nachbarregion von Nordfriesland hat eine lange bäuerliche Tradition. Und seit dem 19. Jahrhundert macht Dithmarschen verstärkt in Kohl – es gilt als größtes zusammenhängendes Anbaugebiet in Europa.

Millionen von Kohlköpfen werden jährlich geerntet. Wenn der Kohlanschnitt bevorsteht, steigen traditionell die Dithmarscher Kohltage. Und das ist ungefähr Mitte September. Eine neue Kohlregentin wird gekürt und begleitet zunächst gemeinsam mit der alten die Feierlichkeiten – da die ehemalige stolze Bauernrepublik ein eher zwiespältiges Verhältnis zum Adel pflegte, würden sich die jungen Frauen übrigens nie Königinnen nennen.

Als Protagonisten treten aber natürlich die Kohlköpfe in Erscheinung. Es gibt Kohlexkursionen, -märkte, -gedichte, -rezepte, -vergnügen – und natürlich leckere Kohlspezialitäten in den Gaststätten der Region. Manch einer erfährt hier, wie aus Weißkohl Sauerkraut entsteht, oder wundert sich vielleicht über die Vielzahl an Kohlsorten.

Wer die Kohltage dennoch verpassen sollte, der kann sich jederzeit im Kohlmuseum des Wesselburener Kohlosseum weiterbilden in Sachen Pflanzung, Bio-Anbau, Ernte und Vitamingehalt des Gemüses (www.kohlosseum.de).

Oben: Die Kohlregentinnen Angelina I. (links) und Silke
Unten: Bei der Weltmeisterschaft im Kohlhobeln in Marne

Ballett der Stare am Himmel – Sort Sol

Das Phänomen großer Starenwolken wird auf Dänisch »Sort Sol«, schwarze Sonne, genannt. Im Frühjahr und im Herbst zieht es die Naturliebhaber ins Grenzgebiet von Nordfriesland und Südwestjütland. Das Spektakel steht bei den Nachbarn hoch im Kurs: Mindestens einmal im Leben, so finden die Dänen, sollte man eine Sort Sol miterlebt haben.

Man muss wissen, wo sie sich niederlassen. Den unter Staren angesagten Ort fürs aktuelle Nachtquartier aufzuspüren, bedarf schon einiger Kenntnisse. Denn so eine Schlafstelle muss über gewisse Qualitäten verfügen: So soll sie, neben der Bequemlichkeit, genügend Platz und Schutz vor Greifvögeln gewähren.

Gemeinsam sind die Zugvögel stark, das ist auch der Grund, warum sie sich vor Einbruch der Dunkelheit zu Zehntausenden treffen. Das Röhricht zwischen Nordsee und Marsch scheint dafür gut geeignet zu sein. Vor allem zwischen Aventoft, dem Rickelsbüller Koog und dem dänischen Hoyer sind Wolken von Staren zu beobachten, wenn sie im Frühjahr und im Herbst in der Marsch einen Zwischenstopp einlegen. Einmal auftanken für den weiten Weg auf der Flugroute. Genügend Futter wie Insektenlarven finden die Singvögel tagsüber auf den Marschwiesen.

Dänische Hygge für Naturliebhaber

Für Neulinge in Sachen Vogelsafari macht es Sinn, sich beim ersten Mal einer geführten Gruppe anzuschließen. Treffpunkt: im dänischen Tønder unweit der Grenze. Eine Garantie, das Staren-Ballett auch wirklich zu erleben, gibt es zwar nicht, doch die Dansk NaturSafari, so erklärt Iver Gram, verwende viel Zeit und intensive Recherchen, um die Leute an den richtigen Ort zu bringen. Denn die Stare suchen sich selten denselben Platz an mehreren Tagen hintereinander aus. Mit dem Bus fährt die gemischtsprachige Gruppe gemeinsam zum aktuell vermuteten Schlafplatz. Guide Iver beginnt schon unterwegs mit seinen Erläuterungen, mal auf Dänisch, mal auf Deutsch. Etwa wenn massenhaft Stare auf Stromleitungen zu sehen sind, die sich zum Sozialisieren treffen. Das sei zur Vorbereitung auf das gemeinsame Nachtlager eine wichtige Angelegenheit.

Irgendwann erreicht der Bus den Platz, wo sich laut Ivers Recherchen die Stare versammeln könnten. Etwa in Aventoft, also auf der deutschen Seite der Grenze. Entlang des Deichs hat sich bereits eine Menschenkette gebildet – Blickrichtung Schilfgebiet. Iver drückt jedem aus seinem Bus eine Styroporunterlage in die Hand, damit es sich alle auf dem Deich gemütlich machen können und nicht unterkühlen. Das ist dänische Hygge für Naturliebhaber! Doch es geht noch besser: Einige versierte Vogelbeobachter sitzen auf Campingstühlen, ausgestattet mit Fernglas und einem Gläschen Wein, auf das Spektakel am Himmel wartend.

»An die 700 000 Stare werden wir heute sehen«, prophezeit der Guide. Manchmal sogar bis zu einer Million. Doch sie kommen nicht alle auf einen Schlag. Erste Vortrupps treffen noch vor 18 Uhr ein. Es ist Herbst, und die Sonne wird in einer Stunde untergehen. »Die Stare setzen sich zum Schlafen ins Schilf«, erzählt Iver. Am Anfang sind zwar mehr Menschen und Mücken in Sichtweite als kleine dunkle Singvögel, doch dann geht es Schlag auf Schlag. »Die Stare kommunizieren mit den Flügeln und natürlich auch mit der Stimme«, bereitet Iver die Interessierten auf das Großevent vor. Inzwischen treffen die Stare aus allen Richtungen im Schilfgebiet ein, es geht lauter zu als auf einer Kirmes.

Alles ist im Fluss

Das Ballett am Himmel hat begonnen, es schwingt, es schwebt, es wippt. Flotte Wellenbewegungen in der Luft, jeder Schwarm wie ein akzentuiertes »Wusch«, ein Geräusch aufeinander abgestimmter Bewegung. Fantasievolle Formen, die am Himmel sprießen. Dunkle

Rechts: Es schwingt, es schwebt, es wippt, wenn Tausende von Staren tanzen.

Wolken in steter Veränderung. Vogelschwärme als Meer schwarzer Punkte, die mal wie ein Wal, mal wie ein einziger Riesenvogel wirken. Wie eine Qualle, ein Ball, ein Käfer, ein Kamel. Amorphe Strukturen, die dahinschmelzen, die sich neu gießen. Alles im Fluss. Ein bisschen wie der Tanz der Polarlichter, nur ohne Farbe.

Diese perfekte Performance ist nichts anderes als eine Verteidungsstrategie gegenüber Raubvögeln. Dabei helfe auch die Geschwindigkeit, die die Vögel im Flug erreichen können: »Die Stare bringen es fast bis auf 80 km/h«, weiß Iver Gram. Anderen Wattvögeln wird das zu viel, ein paar der seltenen Kampfläufer fliegen auf und suchen das Weite. Ab und an taucht ein Wanderfalke auf und versucht, unter den Staren zu jagen. In ihrer Masse werden sie ihn einfach abdrängen, bis ihm kein Platz mehr für einen Flügelschlag bleibt.

Irgendwann ist der Höhepunkt der Performance erreicht, irgendwann haben sich die meisten Stare unter heftigem Gezwitscher und Gepiepe im Schilf niedergelassen. Was für ein Konzert, was für eine Energie, was für ein Spektakel! Morgens und abends sei das so, gibt der Natur-Guide preis. Der Zeitpunkt variiere – immer abhängig von Licht und Wetter. Im Watt gäbe es genug zu futtern, sodass die Stare hier das Doppelte an Gewicht zulegten, bevor sie zum Überwintern in wärmere Gefilde flögen.

Immer noch schauen die Beobachter mit großen Augen zu, fasziniert vom Spektakel. Auch wenn der Himmel zum Sonnenuntergang nicht jedes Mal in Rottönen aufleuchtet: Alle sitzen einfach nur da, schauen und sind glücklich.

März und April sowie September und Oktober sind die besten Monate, um das Staren-Ballett zu erleben. Die Tour ab Tønder ist für 185 DKK (knapp 25 €) bei Sort Safari (https://de.sortsafari.dk) buchbar; sie dauert etwa drei Stunden. Je nach Wetter und Temperatur empfiehlt es sich, warme Kleidung und Regensachen sowie Gummistiefel anzuziehen. Fernglas nicht vergessen!

Frostige Morgenstimmung in der Marsch am Beltringharder Koog

OKTOBER BIS DEZEMBER

Im Winter ist die Marsch besonders schön, wenn der Tau gefriert und sich wie ein zarter Schleier übers Land legt.

Poesie des Schwemmlands – Die Marsch

Am Anfang war das Watt. Ist der Boden nicht mehr den Gezeiten ausgesetzt, verwandelt er sich mit der Zeit in fruchtbare Marsch.

Geologisch gesehen handelt es sich dabei um eine relativ junge Landschaft. Mit den vorausgegangenen Überflutungen lagerten sich Schwebstoffe und Sedimente ab, sodass die Marsch als sehr nährstoffreiches, wenn auch feuchtes Land gilt. Durch die Eindeichung liegt sie oft unter dem Meeresspiegel.

Seemarschen eignen sich als Viehweiden, dienen als Heuwiesen und werden zum Ackerbau genutzt.

Mit ihrem langen dichten Fell sind Hochlandrinder auch im Winter auf den Weiden unterwegs.

Beim Treffen in Unewatt fliegen die Trachten der Tänzerinnen aus Bredstedt, Stapelholm und Drelsdorf.

Wenn die Schneiderin tanzt – Das Revival der Trachten

Wer hat noch ein Erbstück? In den 1970er- und 1980er-Jahren holten viele Nordfriesinnen ihre Trachten wieder aus dem Schrank oder begannen, Kleider nach alten Vorlagen zu kreieren – ein Stück regionale Identität, das in der globalisierten Welt gehegt und gepflegt werden wollte. Auf den Inseln Amrum und Föhr findet man noch eine durch die Zeiten hinweg gelebte Tradition.

Ein sonniger, warmer Tag, und Catharina Staupe sitzt in ihrem Schrebergarten. 76 Jahre zähle sie nun, doch sie fühle sich nicht so. Das nächste Treffen mit der Bredstedter Trachtengruppe steht bevor, da werde man tanzen. Einmal pro Woche machen sie das, und dabei sei es ganz egal, mit wem man tanze. Männer sind in Trachtengruppen eh Raritäten. In ganz Schleswig-Holstein seien dieselben Volkstänze verbreitet, dafür gäbe es genügend Kurse, etwa an der Volkshochschule. Der Landestrachten- und Volkstanzverband im Schleswig-Holsteinischen Heimatbund lädt manchmal zu Workshops ein, in denen Tänze der einzelnen Gruppen quasi ausgetauscht und miteinander eingeübt werden. Möglichkeiten für den Einsatz der neuen und alten Schritte findet eine Trachtengruppe immer, etwa bei den Bredsteder Markttagen Anfang August.

Ein anderer Workshop heißt: »Wie halte ich meine Tracht in Schuss?« Und den gibt dann die Trachtenbeauftragte Tina Staupe. Die gelernte Schneiderin führte lange Jahre eine Schneiderei in Bredstedt, die von ihrer Nichte übernommen wurde. »Ich hatte mich nie für Trachten interessiert«, meint die Rentnerin rückblickend. Da hätte eines Tages eine Frau im Laden gestanden, Madeleine Petersen, die den Anstoß gab. Sie fand es schade, dass Bredstedt nicht über eine eigene Trachtengruppe verfügte. Zusammen mit dem damaligen Vorsitzenden des Friesenvereins, Nils Dahl, überzeugte sie die Schneiderin.

Historische Vorlagen

1989 zählte Staupe zu den Gründungsmitgliedern der Tanz- und Trachtengruppe Bredstedt, die sich wie andere Gruppen dem Nordfriesischen Verein angeschlossen haben. Man ging auf die Suche nach einer authentischen Tracht, wählte Vorlagen aus dem 19. Jahrhundert: Gemälde aus dieser Zeit, historische Bücher. Es ging um eine typische Tracht des Landstrichs im mittleren Nordfriesland, der Nordergoesharde. In den ländlichen Gebieten entstanden Volkstrachten oft im 18. Jahrhundert als Ausdruck bäuerlichen Selbstbewusstseins.

Bredstedt lag einst näher am Meer und besaß einen eigenen Hafen. Seit dem 16. Jahrhundert entwickelte es sich als wirtschaftliches Zentrum der Gegend und erhielt um 1900 die Stadtrechte. Heute ist Bredstedt Standort des Nordfriisk Instituuts und des Friesenrats. In der Trachtengruppe werde aber kein Friesisch gesprochen, da verständige man sich auf Plattdeutsch, so Staupe. Die Hochburgen des Nordfriesischen liegen in Risum-Lindholm und im Westen Föhrs. Aber auch auf Helgoland, Amrum und Sylt spricht man noch Friesisch, jeder in seiner Variante. Während auf Föhr und Amrum die traditionelle Festtagstracht der jungen Frauen eigentlich ununterbrochen weitergeführt wurde, kam es auf den anderen Inseln und am Festland zu einem Revival der Trachten in den 1970er- und 1980er-Jahren.

Alles in Handarbeit

Insgesamt, so meint Tina Staupe, verfüge Nordfriesland über die größte Trachtengesellschaft Schleswig-Holsteins. Doch als sie anfing, Zeit darin zu investieren,

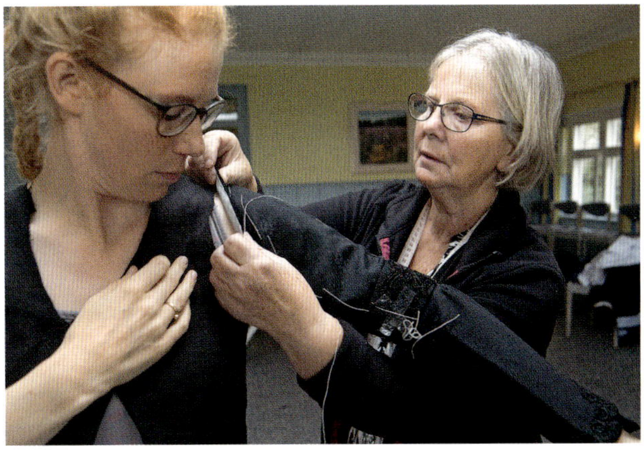

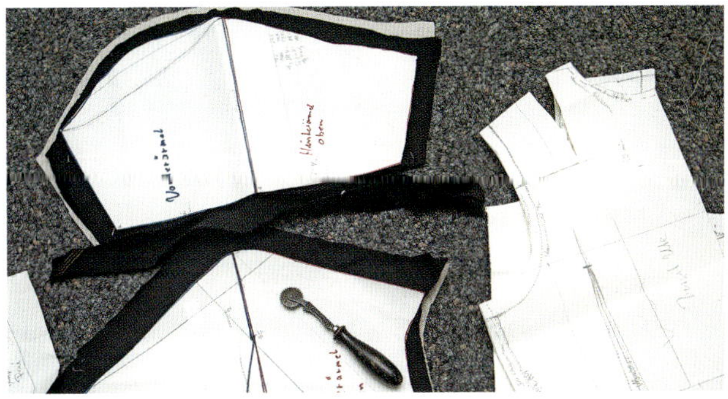

Oben und Mitte: Anprobe und Schnittmuster im Trachtennähkurs mit Tina Staupe auf Amrum
Unten: Trachtentreffen im Landschaftsmuseum Unewatt

Oben: Filigraner Silberschmuck der Pellwormer Tracht
Unten: Reich verzierte Haube vom friesischen Festland

musste sie sich zunächst weiterbilden. »Eigentlich hat das Trachtennähen nichts mit Schneiderei zu tun«, meint sie. Das könne jeder lernen. Im nahen Dänemark sei man »ganz gewaltig« in der Trachtennäherei. Also zog sie los und bildete sich in der Tüllstickerei, im Tamburieren und in der Seidennäherei weiter. Die Kurse fanden zwar auf Dänisch statt, doch das meiste verstand sie. Auch was die Stoffe beträfe, verfüge Dänemark über einen großen Fundus, und die Tøndersche Klöppelspitze sei berühmt.

Für die Bredstedter Tracht brauchte die Gruppe ein weißes tamburiertes Tuch, das sogenannte Schiedeck. Es wird vorne über die Haube gelegt. Jedes Mitglied trägt ein Gewand in seinen Farben, bestehend aus einem langen Rock, einer Seidenschürze, einem Oberteil mit schmalen Ärmeln und einem Tuch über den Schultern. Im Gegensatz zu den schwarz-weiß gehaltenen Festtagstrachten der Inseln kommen die Bredstedter recht farbenfroh daher. Der Rock wirkt durch die Faltenlegung am Bund voluminös. Bei anderen Trachten werden mehrere Röcke übereinander gelegt oder ein Wulst unterm Bund eingefügt. »Wer früher in der Tracht schlank aussah, war ein armes Würstchen«, weiß die Näherin.

Übrigens rät sie immer, so viel wie möglich mit der Hand zu nähen. Allein die Faltenlegung beim Rock, das würde mit der Maschine gemacht gar nicht gut fallen. Inzwischen haben sie eine Methode entwickelt, die Falten auf Bänder zu ziehen, um sie gleichmäßig legen zu können. Und dann erfuhr Staupe bei einem Besuch auf Föhr, dass sie es dort früher genauso gemacht haben.

Friesische Hochzeit

Was auf Amrum und Föhr derzeit getragen wird, bezieht sich auf die Festtagstracht von vor 100 Jahren. Meist werden die Gewänder weitervererbt, manchmal ist es Zeit für ein neues Kleid. So kommt es, dass die Trachtenbeauftragte auch auf den Inseln tätig ist und den Interessentinnen beim Anfertigen beratend zur Seite steht. Aus einem Amrumer Kurs ging eine junge Braut heraus, die gemeinsam mit

Tina Staupe, Trachtenschneiderin und Tänzerin

Oben: Auf Föhr tragen die Konfirmandinnen stolz ihre Trachten.
Rechte Seite: Sieke und Karsten Thomsen heiraten standesamtlich im Öömrang Hüs auf Amrum.

ihrem Mann im traditionellen Outfit vor den Traualtar treten wollte – und zwar sowohl standesamtlich in der gekachelten Wohnstube des Öömrang Hüs, einem historischen Friesenhaus, als auch in der Kirche Sankt Clemens. Alles auf Amrumer Friesisch, das gehört dazu. Das Einkleiden für die Hochzeit dauert mehrere Stunden, allein der kunstvoll gewickelte Kopfschmuck braucht seine Zeit.

Das Tuch wird um den Kopf geknotet, für mehr Volumen um eine Stoffrolle gewickelt, mit unzähligen Nadeln festgehalten und mit Doppelnadeln geschmückt. Kopf- und Schultertuch sind aufeinander abgestimmt.

Charakteristisch für die Inseltrachten ist auch der filigrane Silberschmuck, der einst von den friesischen Seefahrern mitgebracht wurde. Die Frauentrachten sind mit der spanischen Hoftracht verwandt, Männertrachten sind hingegen nicht überliefert. Tina Staupe bewundert die Braut. »Eine schöne Frau. Volle Brust, schmale Taille, runder Hintern. So sieht eine Tracht super aus.« Schließlich wendet sie sich wieder ihren Pflanzen im Schrebergarten zu, denen sie sich mit noch größerer Hingabe widmet als Stoffen, Falten und Spitzen. Und morgen wird getanzt.

Das Schwabstedter Tanzfest steigt im Mai. Auf den Inseln gibt es diverse Veranstaltungen wie etwa Sonnenwendfeier auf Amrum im Juni, das Borgsumer Weinfest auf Föhr und das Pellwormer Hafenfest, beides im Juli. Das Sommerfest der Kulturen im Freilichtmuseum Molfsee bei Kiel wird ebenfalls im Juli gefeiert, dort haben die Trachtengruppen dann auch die perfekte Kulisse. Im August laden die Bredstedter zu den Markttagen ein. Der zweitägige Herbstzauber im Holländerstädtchen Friedrichstadt steigt im September. Schön ist auch der Hooger Trachtensommer alle zwei Jahre im September, das nächste Mal in 2020.

Beim Trachtentreffen in Friedrichstadt tanzen Pellwormerinnen in ihrer Tracht.

Oben: Weihnachtsstimmung am Husumer Hafen
Rechte Seite: Ein geschmückter Friesenbaum auf der Halbinsel Eiderstedt

Dezemberfreuden – Friesenbaum und Rummelpottlaufen

Wenn Weihnachten naht, verzichten immer mehr Nordfriesen auf den Tannenbaum und holen wieder einen »Jülboog« hervor, den friesischen Weihnachtsbogen.

Weihnachtliche Inseltradition Friesenbaum

Vor allem auf Föhr und Sylt (hier »Jöölboom« genannt) ist dieser verbreitet – eine Tradition, die auf den Inseln entstand, wo Wald eher rar war. So ein Holzgestell hingegen konnte jedes Jahr verwendet werden. Es besteht aus einem Rundstab mit Querstreben, an denen Figuren aus Salzteig gehängt werden: Meist sind das Adam und Eva, ein Baum, ein Hund, ein Pferd sowie ein Hahn. Rundherum kann etwas Grün drapiert werden, manche befestigen auch Kerzen auf dem Bogen.

Nachdem man den Friesenbaum in den 1980er-Jahren wiederentdeckte, zog er auch in Häuser auf dem Festland ein. Wer gerade keine Salzteigfiguren zur Verfügung hat, kann ihn nach Belieben weihnachtlich dekorieren. Pfiffige holen ihn zu Ostern wieder hervor, um die entsprechende Deko und ein paar Eier dranzuhängen. Ein Baum für alle Feiern, der sich bestens auf der Fensterbank macht.

Der Jöölboom kehrt zurück in die guten Stuben.

Oben: Auch der Bürgermeister von Oldsum feiert mit, wenn die Kenkner auf Föhr herumziehen.
Unten und rechte Seite: Es herrscht eine ausgelassene Stimmung wie beim Karneval.

Wenn es am Silvestertag an der Tür klopft, könnten das kleine RummelpottsängerInnen sein.

Böse Geister ade – Rummelpottlaufen

Ein beliebtes Lied aus ihrem Fundus lautet:

Rummel, rummel, ruttje,
Kreg ik noch en Futtje?
Kreg ik een, blev ik stohn,
Kreg ik twee, will ik gohn.

Kreg ik dree, wünsch ik
Glück, dat de Husfru mit de
Futtjes ut de Schosteen flüch.

Dat ole Johr, dat nie Johr,
sind de Futtjes noch nicht gor,
pros Niejohr, pros Niejohr!

Für die künstlerische Darbietung und die guten Wünsche gibt es Süßigkeiten oder etwas Kleingeld. Im Lied finden besonders die »Futjes« Erwähnung: schmalzgebackene gezuckerte Bällchen.

Mit einem echten Rummelpott ist jedoch keiner mehr unterwegs, denn das einfache Musikinstrument aus einer Blechdose mit Schweinsblase erzeugte Lärm, indem ein Schilfrohr darin hoch- und runtergezogen wurde. So sollten einst am Silvesterabend böse Geister vertrieben werden.

Später am Abend ziehen dann Grüppchen von Erwachsenen durch die Nachbarschaft, nicht selten fließt dabei Punsch oder Schnaps. Im Westen von Föhr sind beim »Ütj tu kenknen« vor allem lustig maskierte Gruppen unterwegs, die Kenkner. Bekannte Melodien werden mit eigenen Texten zum Besten gegeben, was sich am fortgeschrittenen Abend jedoch zunehmend als schwierig erweist. Irgendwann fallen die Masken, und man tanzt fröhlich im nächsten Dorfkrug weiter.

Tauziehen im Hafen von Föhr: Wer verliert, landet im Wasser.

Register

A
Amrum 20, 24, 26, 52, 146

B
Biikebrennen 44
Borgsumer Weinfest 150
Boßeln 48
Bredstedt 146
Büsum 88

C
C. P. Hansen 47
Cuxhaven 88

D
Dagebüll 41
Dänische Hygge 138
Dithmarscher Kohltage 136

E
Eiderstedt 32, 34, 48, 65, 114
Eiderstedter Deich 78

F
Föhr 20, 24, 26, 52, 146
Friese witjes 72
Friesenbaum 154
Fuhlehörn 111
Futjes 156

G
Gröde 122
Grünkohl 47

H
Hallig Langeneß 72
Hallig Oland 66
Hallig 23, 70, 73, 100, 103
Hallig Süderoog 62, 103
Hallig Südfall 62
Halligflieder 122
Haubarg 34, 36
Helgoland 20, 24, 38, 44
Hooger Trachtensommer 150
Husumer NordseeMuseum 111

I
Inselmuseum in Tammensiel 111

J
Johannishörn 111
Jülboog 154
Jüten 26

K
Kate 34
Kegelrobben 38, 40
Keitum 36, 46
Klootschießen 48
Klootstockspringen 114
Knerken 122
Koog 23
Krabben 52, 86, 88, 90
Krabbenfischen 129
Krebs 86

L
Lachmöwen 103
Lahnung 78
Lahnungsbau 77
Lamm 94
Langeneß 66, 69
Langhaus 34
Lärchen 83
Leuchtturm 70
Lore 66

M
Marsch 142
MSC Siegel 90
Nationalpark Wattenmeer 62

N
Neujahrsschwimmen 30
Nolde Emil 116
Nordergoesharde 147
Norderoogsand 62
Nordstrand 23, 110
Nordstrandischmoor 66, 103

O
Ökologisch Wirtschaften e. V. 135
Oland 66, 69, 70, 73
Olander Warft 70

P
Pellworm 23, 63, 65, 89, 102, 110, 133
Pellwormer Hafenfest 150
Pfahlbauten 82

R
Reet 32
Reetdach 32, 36
Reusenfischen 129
Ringelgans 65, 69
Ringreiten 126
Rummelpottlaufen 154, 156
Rungholt 103, 110

S
Sankt Peter-Ording 36, 82, 83
Schaf 94
Schiedeck 148
Schmarren 129
Schobüll 44, 46
Schockenbüller Tief 48
Schute, große Schute 77
Schüttsiel 41
Schwabstedter Tanzfest 150
Schweinswal 38
Seebüll 117
Seehund 38
Sommerfest der Kulturen 150
Sort Safari 139
Sort Sol 138
Star 138
Strandhütten auf Amrum 106
Südfall 102
Südwestjütland 44
Sylt 20, 24, 26

T
Tanz- und Trachtengruppe Bredstedt 147
Tetenbüll 48, 52
Tetenbüllspieker 48
Töning 41, 52
Tour ab Tonder 139
Trachten 146

U
Uelvesbüll 76, 78
Ulpiano 65

W
Wasserkoog 48
Wattenmeer 90
Weidemast, ökologische 133
Wesselburger Kolosseum 136
Westerheversand 56
Westerland 44
Wyk 44

Strandkörbe auf Sylt

Danksagung

Bei den Recherchen zu diesem Buch sind wir vielen Menschen in Schleswig-Holstein und auch in Niedersachsen begegnet, die aus ihrem Leben erzählt und uns ein Stück des Weges mitgenommen haben.

Daher möchten wir allen ganz herzlich für ihre Zeit, Unterstützung und Freundlichkeit danken:

Dem Leuchtturmwärter Heinrich Geertsen, Seehundjäger Michael Janßen, Krabbenfischer Stefen Koch und Bootsmann Nico, Reusenfischer Erhard Djuren, Schäfer Uwe Engel und Pastor Arnd Lempelius, Gunda und Gonne Erichsen von Hallig Südfall, der Trachtenschneiderin Tina Staupe sowie Anita Boehnk von der Trachtengruppe Bredstedt, Eike Paulsen von der Trachtengruppe Amrum und Bettina Flügel von der Trachtengruppe Pellworm, Angelika Kühn, ihrer Familie sowie Claudia Nommensen von Hallig Oland, Franziska Jannen von Amrum Touristik, den Küstenschützern Florian Schroeter, Rolf Ehlers, Jörg Jagsdorf, Dietmar Jessen und Marco Petersen, dem Hallig-Postboten Knud Knudsen, Nele Wree und Holger Spreer von Hallig Süderoog, dem Reetdachdecker Uwe Michalski und seinem Team, Tatings Bürgermeister Hans Jacob Peters und Heinke Reimers vom Tourismus Tating, Professor Dr. Thomas Steensen vom Nordfriisk Instituut, Malte Keller vom Nordsee-Tourismus, den Föhrer Kenknerinnen Inke Sönnichsen, ihren Freundinnen sowie Ann-Kathrin Meyerhof und Levke Sönksen von Föhr Tou-

Winterimpressionen auf Amrum Nordfriesland, Strand bei Norddorf mit Blick auf die Südspitze von Sylt

rismus, Uwe Cornils aus Wasserkoog und seiner Familie, Hellmut Bahnsen vom Rungholt-Museum auf Pellworm, Heinke Otto vom Fruunsboßelverein Nordfriesland, Sieke und Karsten Thomsen, Beate Peters und ihrer Familie für die Teilnahme an der friesischen Hochzeit, den Konfirmandinnen von St. Nicolai auf Föhr mit den Pastoren Hannah und Edwin Wichmann, dem Morsumer Ringreiterverein sowie Kai Petersen und Theide Andersen sowie Pfarrer Jens Schmidt auf Nordstrand.

So ein Buch entsteht meist außerhalb der normalen Arbeitszeit. Daher möchten wir nicht zuletzt unseren Partnern Eliza und Stratos danken, die uns immer den Rücken freigehalten haben.

Leuchtturm von List-West auf Sylt

Impressum

Verantwortlich: Marianne Huber
Redaktion: Anette Späth
Satz: Roman Bold & Black
Umschlaggestaltung: Frank Duffek
Repro: LUDWIG:media
Herstellung: Bettina Schippel
Printed in Italy by Printer Trento

★ ★ ★ ★ ★

Sind Sie mit diesem Titel zufrieden? Dann würden wir uns über Ihre Weiterempfehlung freuen.

Erzählen Sie es im Freundeskreis, berichten Sie Ihrem Buchhändler oder bewerten Sie beim Onlinekauf. Und wenn Sie Kritik, Korrekturen, Aktualisierungen haben, freuen wir uns über Ihre Nachricht an

Bruckmann Verlag,
Postfach 40 02 09, D-80702 München oder
per E-Mail an lektorat@verlagshaus.de

Unser komplettes Programm finden Sie unter:

www.bruckmann.de

Alle Angaben dieses Werkes wurden vom Autor sorgfältig recherchiert und auf den neuesten Stand gebracht sowie vom Verlag geprüft. Für die Richtigkeit der Angaben kann jedoch keine Haftung übernommen werden, weshalb die Nutzung auf eigene Gefahr erfolgt. Insbesondere bei GPS-Daten können Abweichungen nicht ausgeschlossen werden. Sollte dieses Werk Links auf Webseiten Dritter enthalten, so machen wir uns die Inhalte nicht zu eigen und übernehmen für die Inhalte keine Haftung.

Bildnachweis: Alle Bilder des Umschlags und des Innenteils stammen von Ralf Niemzig, außer: Vorsatz: Elke Weiler, S. 111 o. li., S. 116–119, S. 129, Nachsatz: Elke Weiler, © Nolde Stiftung Seebüll S. 116, 118/119, 121.
Textnachweis: Alle Texte stammen von Elke Weiler.
Zitate: Die Zitate von Professor Dr. Thomas Steensen stammen aus den Büchern »Heimat Nordfriesland – Ein Kanon friesischer Kultur« (Verlag Nordfriisk Instituut 2013) und »Die Friesen verstehen« (Ellert & Richter Verlag 2013).

Vorsatz: Manchmal vergoldet das Licht bei Sonnenaufgang die Arbeit des Fischers im Watt. Nachsatz: Der Fischer hat den besten Weg durchs Watt zu den Reusen mit kleinen Pricken markiert.
Umschlagvorderseite: oben: Kutschfahrt zur Hallig Südfall; unten: Leuchtturm List-Ost auf Sylt; Umschlagrückseite: v.l.n.r: Schafe auf dem Deich im Marschland vor Westerhever, Lahnungsbau im Wattenmeer bei Uelvesbüll, Das Öömrang Hüs auf Amrum, Trachtentreffen in Friedrichstadt

Die Deutsche Nationalbibliothek verzeichnet diese Publikation in der Deutschen Nationalbibliografie; detaillierte bibliografische Daten sind im Internet über http://dnb.d-nb.de abrufbar.

ISBN 978-3-7343-0966-3